1988–2018

Curry.30

三十而酷

斯蒂芬·库里三十岁特别纪念图传

冯逸明 主编

西苑出版社

图书在版编目（CIP）数据

三十而酷：斯蒂芬·库里三十岁特别纪念图传 / 冯逸明主编 .
—北京：西苑出版社，2018.3
ISBN 978-7-5151-0664-9

Ⅰ . ①三 … Ⅱ . ①冯… Ⅲ . ①斯蒂芬 · 库里 – 传记 – 图集 Ⅳ .
① K837.125.47-64

中国版本图书馆 CIP 数据核字（2018）第 043845 号

三十而酷：斯蒂芬·库里三十岁特别纪念图传

出品人	赵 晖
选题策划	赵 雷
主　　编	冯逸明
责任编辑	汪 莉　曹亚楠
责任印制	姚 春
责任校对	刘凯晶
封面设计	冯逸明

出版发行	西苑出版社 XIYUAN PUBLISHING HOUSE
通讯地址	北京市朝阳区和平街 11 区 37 号楼　邮政编码：100013
电　　话	010-88636419　传真：010-88636419
	E-mail：xiyuanpub@163.com
印　　刷	北京朗翔印刷有限公司
经　　销	全国新华书店
开　　本	787 × 1092 毫米　1/16
字　　数	120 千字
印　　张	7
版　　次	2018 年 3 月第一版
印　　次	2019 年 2 月第二次印刷
标准书号	ISBN 978-7-5151-0664-9
定　　价	45.00 元

（凡西苑版图书如有缺漏页、残破等质量问题，本社邮购部负责调换）

目录
CONTENTS

斯蒂芬·库里三十岁特别纪念札记

小学生的成人礼

1988–2018

Stephen Curry.30

●文：平原公子

2018年3月14日，斯蒂芬·库里三十岁了，他依旧眉清目秀，仿佛还是个十多岁的孩子。

他有了两个总冠军戒指，两个MVP，创造过单赛季402个三分球、单场13个三分球的“神迹”，还有那个单赛季73胜的历史记录。他是当今最好的控球后卫、最强的得分手之一！

他的形象，他的打法，他的能力，在整个篮球史上，都是独一无二的，具有颠覆性的存在，曾经没有人相信他能做到这些，甚至没有人相信他能在NBA这个级别的竞技体育联赛中立足。

许多年之前，德尔·库里就像今天的“球爹”拉瓦尔·鲍尔一样，到处“推销”他的孩子，然而和善于炒作、少年成名的郎佐·鲍尔不同，斯蒂芬·库里在上大学之前还是个无人问津的角色。

12年前，2006年的夏天，德尔·库里带着儿子几乎走遍篮球名校，他们去了篮球圣地杜克，去了德尔·库里曾经的母校弗吉尼亚理工大学，但却没有任何一支球队愿意接受这个孩子，就连杜克大学的老K教练，都看走了眼。在传统篮球人眼里，篮球是一项讲究天赋和对抗的运动，身高、力量、爆发力很重要，没有人相信当时一个身高不足190cm、身材瘦削、皮肤白皙的小男孩可以在篮球场上称王称霸！竞技场不是好莱坞电影，没有那么多励志神话。

尽管当时的库里在高中时代是全美全明星，几乎所有人都听说过这位身材瘦削、清秀文弱，却出手如电神准无比的攻击型控卫。然而在高四毕业前，却没有任何一支NCAA球队对库里表示兴趣，也没有任何一位大学教练向他提出邀请。质疑声不绝于耳，人们不相信这位体重只有74公斤的文弱公子哥儿能够承受NCAA级别的对抗，因为美国大学已经接近成年级别的对抗，21世纪的NCAA充斥着大量的肌肉壮汉和飞天暴走男，而斯蒂芬·库里依旧长着高一小男生的体格以及未成年男孩的稚嫩面容，这让他看起来绝对不像一位可以承受NCAA级别冲撞的大学球员。他的篮球梦，第一次遭受了巨大的挑战，童年时候的“区域联防克星”，居然要被大学篮球拒之门外。

有人曾经直言不讳地对德尔说：“你家孩子不错，但他绝对成不了勒布朗和科比。”

最后，库里只能去了戴维斯文理学院，这是一所不以篮球而著称的学术性高校。

然而，他们都错了。两年后，2008年的夏天，NCAA锦标赛八强赛，勒布朗·詹姆斯也坐在场下观看这场生死大战，全场都在高呼一个人的名字——斯蒂芬·库里，连詹姆斯都是库里的粉丝。

库里在大一就均场砍下21.5分，成为南方联盟新秀得分王，在全美大学新秀得分榜排在第二位，（第一位是德克萨斯大学的杜兰特！）并率领戴维森学院打出29胜5负的历史最佳战绩，并获得南方联盟常规赛冠军！在第一个赛季创造122个三分球的NCAA联盟纪录！在第一个赛季得到730分，创造戴

1988—2018 年，三十岁，一位篮球运动员最巅峰的年华，时值这一里程碑时刻，回首望去，竟然是群峰连绵的盛世宏篇。

三十而酷，30 号的库里遇到 30 岁的年华。一部库里王者登顶的史诗图鉴，双 MVP+ 双总冠军的恢宏长卷，就这样应运而生！

维森学院新秀得分纪录！在这一年里库里获得了南方联盟最佳新人奖、锦标赛 MVP、锦标赛最佳阵容、新人最佳阵容，南方联盟第一阵容等奖项，并且获得体育画报荣誉提名！

所有人都失算了，不世出的天才击溃了传统的篮球理论，经典篮球体系中不可替代的“身高、弹跳、强壮、对抗”一直以来都是篮球运动员的必要素质，这是一切技术的基础，但库里的存在把这一切砸得粉碎，“你儿子适应不了 NCAA 的对抗”之类的结论成了彻头彻尾的伪科学。库里会告诉你，只要够快、够巧、够准，拿着弓箭的游侠也能杀死武装到牙齿的重甲骑士。

当他进入 NBA 时，遭到同样质疑：NBA 是全世界的最高篮球殿堂，比 NCAA 又提高了一个等级，在这里，库里要面临保罗、隆多这样的防守大师，要遭遇更强的身体对抗，他还能保持灵巧的身手和高效的得分能力吗？

NBA 当时追捧的是如詹姆斯、奥登、杜兰特、格里芬这些身材高大、充满运动细胞的天才们，许多人只认为库里是个励志的故事，但神话不会持续下去，就像巴克利常常念叨的那样：“跳投是赢不了总冠军的！”

在那些顽固不化的老派球星、教练和评论员眼中，库里这种风格还是不入他们法眼，在他们那个时代，人们欣赏的是乔丹、科比那种硬汉，其实大家怀念的，不只是那些传说中的英雄好汉，更是那些上古时代的拳脚横飞、肌肉碰撞和唾沫星子。在他们看来，篮球是一项男人的运动，是一项对抗的运动，是一项充满汗臭味和雄性激素的运动，人们习惯了兽笼里的角斗士肉搏，一时还欣赏不了库里这回风流雪的俊逸做派。

人们可能觉得库里会成为凯文·马丁这样的球员，但绝不会想到他能和詹姆斯、杜兰特相提并论，成为一个联盟前五的超级巨星！

这一回，他们又错了，感谢老尼尔森慧眼识珠，库里从新秀赛季开始，就成为了金州勇士的后场核心之一，从和蒙塔·艾利斯搭档的“后场双枪”开始，到马克·杰克逊时代的电梯门战术，再到风靡天下的“水花兄弟”，再到史蒂夫·科尔的“死亡五小”，斯蒂芬·库里，一步一步前进，把金州勇士这支球队，烙上自己的烙印，可以说，没有库里，就没有如今勇士的一切。

他的天赋和能力是压不住的，尽管他依旧不受传统篮球界待见，尽管记者们也经常轻视他，但他的强大，却让这个世界不得不服，人们不得不相信，这个白皙瘦小的身躯里，藏着一颗超级英雄的心，那清秀如孩子的面庞下，是一个兰陵王那样的真正勇士之躯。他一个人带队的时候，就能和争冠球队圣安东尼奥马刺季后赛恶战连番，在马刺队的防守下轰下 40+，让波波维奇大呼：“今晚我们是在和乔丹对抗！”

他脚踝严重扭伤，在许多人都在唱衰的时候，他却用独特的训练方法强壮了自己的肌肉和骨骼，改变了发力方式，最终王者归来。他曾经输掉了 2016 年的总冠军，遭到了全世界的贬低和误解，然而他再一次浴火重生，在 2017 年的总决赛中轰下场均准三双，以一己之力，粉碎了克里夫兰骑士的防守体系，4 比 1 完成复仇。他在进攻端的威胁，令整个 NBA 闻风丧胆，只要他过了半场，必然会吸引双人包夹，球迷们把这种特性叫做“库有引力”！

NBA 到处都是阿拉丁神灯巨人一样的大个子，到处都是蝙蝠侠一样飞来飞去的跳跳男，但库里不怕他们，一个人封盖、两个人包夹、三个人围追堵截，都挡不住他抬手就射。因为他快、因为他灵巧、因为他投篮时间只有 0.4 秒，因为他过了半场所有区域都是投篮点，因为他传球能力也是联盟一绝，没有人能够真正限制他，他是篮球运动最大的颠覆者。

人人都爱斯蒂芬·库里，他就是我们这个时代最美好的篮球梦！

浮生掠影/波澜不惊

我眼中的斯蒂芬·库里

中国有句俗语：男人，三十而立。不知不觉间，库里，已经三十岁。

时光掠影……我试着去回看曾经那个少年：他青涩的面颊生细纹，清澈的眼神变深邃，连身型也强壮了几分……再努力去看他样子的时候，好像水中的倒影被石子溅涟乱了身形，一切都变得模糊不清。

2009 年，金州勇士在首轮第七顺位，选中了斯蒂芬·库里。

那是一个选秀大年，拉里莱利没想到，老尼尔森没想到，或许连他自己也没有想到：日后他成为了 NBA 历史上又一个"带着时代 LOGO 标签"的超级巨星。如今，已经是库里在联盟的第九个年头了，我时常会想：自己到底是在哪一个瞬间爱上他的？

他灵动又飘逸，轻柔的像一片羽毛，以为要抓住的时候，优雅的侧身躲过了。他呆萌又调皮，常常化身可爱模样，可是退到三分线抬手的瞬间，见血封喉！他谦虚又善良，像是一道温暖的光，夺目却不刺眼，只是轻轻洒在你身上。

这些年，他经历了球队鱼腩挣扎、脚踝受伤，从初登王座，到绝境翻盘，他创造历史，又痛失冠军，再到王者归来。相信很多朋友对这些事都历历在目，耳熟能详。他励志却不苦情，总是盈盈向上充满着正能量，一副乖乖的模样，是人畜无害的邻家少年时光。我想，这也是库里独特的人格魅力吧。

关于他的生涯履历和场外故事，冯逸明主编已经在书里为大家安排妥当。我只是想和大家分享那次与他面对面的镜头同框。那是 2017 年 7 月，我接到公司的通知，派我到成都与库里同台做一次现场活动。那个瞬间，我真的傻在了原地，从怀疑到惊喜，从兴奋又变为慌张。那是梦吗？我会醒吗？那个日子近了吗？以后他会记得我吗？那天终于还是来了，我在台上为他做最后的热场。

其实后面的流程，我已经全都忘了，本能告诉我：让观众大声点，再大声点！

悄悄告诉你们，那一分钟，我不是主持人，只是他的小迷妹。库里踩着七彩的云朵，浑身冒着光，照亮了舞台中央。他款款走来，我有些意识模糊，甚至可能都忘记了呼吸：原来他真的是存在的，原来 1 米 91 这么高，原来他是那么强壮。

他伸出右手，我下意识地接住，库里说："Hey seven！"。

我感觉自己真的要晕倒了，只是感觉他的手很粗糙：那是绝杀雷霆的手，是捧起总冠军奖杯的手，现在是和我紧握的手。之前所有关于他的记忆，都排山倒海地涌上来。梦想实现的那个瞬间会怎样？我可以告诉你：不知所措。之后的时间里，我只是静静地看着他。生命中第一次，我祈祷时间慢一些，再慢一些。

他耐心的对待每一个人，他机智又亲切地暖场，他运球投三分，扣篮去恶搞汤汤（克莱·汤普森）。原来，库里就是我们在镜头看见的一样。慢慢的，我也不再紧张，全身心地享受和他同场的时光。最后，他走到我面前，又一次和我击掌，这一击虽然很轻，但是在我心里却很重、很重……

时间已经过去大半年，我依然清晰地记得每个瞬间。这是我生涯的一个里程碑，是一次高光时刻。从那以后，我觉得自己和库里又建立了一层更深的联系：我不再是那个远远关注他生涯的小姑娘，而是一个与他同行的篮球工作者。

祝福他的生涯，很长，很长。我也要努力，做到和他一样！在这里，我想由衷地对他说一句："谢谢你库里，谢谢你带我成长。"

这些年来，库里的粉丝越来越多，每个人都有喜欢他的理由，每个人也都有喜欢他的方式。不问过往，但求同窗。在这里，有人与你休戚与共，荣辱同当。

在三十岁的这个特殊时间节点上，让我们再一次回忆这些时光……

时光掠影……我又试着去回看他的样子时，波纹展平了，倒影清晰。呈现在我面前的，是那三十岁成熟稳重的英雄模样。

《三十而酷》—我们从他生涯第一页，开始吧！

小七 *Talk about Stephen Curry*

●腾讯 NBA 人气女主播，以青春靓丽的外表、清新自然的风格，迅速成为无数球迷的焦点。此外，小七还是库里的资深球迷，并亲自主持库里 2017 中国行以及球迷见面会。

作为腾讯女主播中的文艺青年，小七拥有自己的微信号《多巴胺老邮差》，调侃篮球、评撰时事、感悟人生，其文笔清新隽永、幽默灵动，是一位钟灵毓秀、内外兼修的咏絮之才！

所有的结局都已写好，所有的泪水也都已启程，却忽然忘了是怎么样的一个开始，在那个古老的不再回来的夏日。
无论我如何地去追索，年轻的你只如云影掠过，而你微笑的面容极浅极淡，逐渐隐没在日落后的群岚。
遂翻开那发黄的扉页，命运将它装订得极为拙劣，含着泪我一读再读。却不得不承认，青春是一本太仓促的书
——席慕蓉《青春》

2009 年初入联盟的库里一头“小学生式”短发，本来就清秀稚嫩的面容，更加显得稚气未脱 。从 2010 年起库里开始蓄起胡须，2014 年起留起了摩西・马龙式微卷爆炸头。在球场上张扬驰骋，朝气蓬勃，这个发型伴随着他迎来职业生涯的巅峰。
到了 2018 年，虽然随着光阴的累积，库里的胡子也日趋络腮，但那张“小学生”的面庞依然青春逼人，只是多了几许岁月凝结的王者之气。正所谓“公子世无双，陌上人如玉。”库里是最特别的存在！他用一手出神入化的三分定义了这个时代的“准”则。

30
勇士
2014
The
CITY
30
2015
WARRIORS
30
2016
GOLDEN STATE
30
WARRIORS
2017
Rakuten
TOWN
30
2018

荣耀堂

●两届总冠军

库里分别在 2015 年和 2017 年，两次获得 NBA 总冠军。

●两届常规赛 MVP

2014/2015 赛季，库里常规赛场均贡献 23.8 分、4.3 个篮板、7.7 次助攻，率领勇士取得联盟第一的 67 胜战绩，首次荣膺常规赛 MVP。

2015/2016 赛季，库里常规赛场均贡献 30.1 分、5.4 个篮板、6.7 次助攻，率领勇士取得 NBA 历史第一的 73 胜战绩，从而蝉联常规赛 MVP。

●一届得分王

库里在 2015/2016 赛季以场均 30.1 分荣膺得分王。

●一届抢断王

库里在 2015/2016 赛季以场均 2.1 次抢断荣膺抢断王。

●五次连续全明星首发

库里连续 5 次入选全明星首发，分别是 2014 年、2015 年、2016 年、2017 年、2018 年。

●两次最佳阵容一阵

库里两次入选常规赛最佳阵容第一阵容，分别在 2014/2015 赛季，2015/2016 赛季。

●两次最佳阵容二阵

库里两次入选常规赛最佳阵容第二阵容，分别在 2013/2014 赛季，2016/2017 赛季。

●一届技巧挑战赛冠军

2011 年，洛杉矶全明星赛，库里夺得全明星技巧挑战赛冠军。

●一届三分大赛冠军

2015 年，纽约全明星赛，库里夺得三分球大赛冠军。

●两届世锦赛冠军

2010 年，库里率领“梦九队”夺得土耳其篮球世锦赛冠军；2014 年，库里率领“梦十一队”夺得西班牙篮球世锦赛冠军。

●两枚总冠军戒指

库里共获得两枚总冠军戒指（2015 年、2017 年）。

●三次西部冠军

库里总共 3 次拿到西部冠军，分别是 2015 年、2016 年、2017 年。

2

两届总冠军 2015 年 2017 年

2

两届常规赛 MVP 2014/2015 赛季 2015/2016 赛季

2

两枚总冠军戒指 2015 年 2017 年

2

两届世锦赛冠军 2010 年 2014 年

3

三届西部冠军 2015 年 2016 年 2017 年

1

一届三分大赛冠军 2015 年

1

一届得分王

1

一届抢断王

1

一届技巧挑战赛冠军

2

两次最佳阵容一阵

2

两次最佳阵容二阵

5

连续五届全明星首发

纪录榜

库里 岁之现象级

● 2000 记三分场数最少纪录 /597
2017 年 12 月 5 日，库里三分 11 投 5 中，砍下 31 分，率领球队逆转鹈鹕，生涯常规赛三分命中数提升到 2000 个，在 NBA 历史上三分命中数 2000+ 只有 8 人，库里超越雷·阿伦（824 场比赛），只用 597 场，成为用时最少的 2000 记三分先生。

●季后赛连续三分命中纪录 /6×5+
2015 年 5 月 22 日，西部决赛第 2 场，勇士主场以 99 比 98 险胜火箭。本场比赛，库里命中 5 记三分球，这是他季后赛第 6 场三分球命中数超过 5 记的比赛，超越雷·阿伦（5 场），创下新的联盟纪录。

●季后赛三分命中数纪录 /98
2015 年 5 月 24 日，西部决赛第 3 场勇士客场以 115 比 80 战胜火箭。库里命中 7 记三分球，总命中 64 记三分，超越雷吉·米勒（58 记），创造 NBA 单赛季季后赛三分球命中数纪录，随后，2015 年季后赛库里再接再厉，将单赛季季后赛三分球总命中数纪录提高到 98 记。

●生涯 9 次单场 10+ 三分创纪录 /9×10+
库里职业生涯一共 9 场投中 10 记以上的三分，创造球员单场命中 10 记以上三分场次的新纪录。其中包括 4 场命中 10 记三分，3 场命中 11 记三分，1 场命中 12 记三分，1 场命中 13 记三分，值得一提是，库里生涯 16 场命中 9 记以上三分，同样无人能及。

●连续三分球命中场次纪录 /157
2016 年 2 月 26 日，勇士客场 130 比 114 战胜魔术，库里三分 15 投 10 中，连续三分命中场次提升到 128 场，超越科沃尔（127 场），刷新 NBA 历史纪录。直到 2016 年 11 月 5 日，勇士客场 97-117 不敌湖人，库里三分 10 投 0 中，连续命中三分的场次也就此定格在 157 场。

●历史单赛季三分王 /402
2015/2016 赛季，库里合计命中了 402 记三分球，创造了 NBA 单赛季三分命中数新的纪录，成为历史第一人。

●单场三分纪录 /13
2016 年 11 月 8 日，库里在勇士以 116 比 106 击败鹈鹕的比赛中，三分球 17 投 13 中，超越科比和唐耶尔·马绍尔共同保持的单场命中 12 记三分的最高纪录。

●进攻效率值 /120.1（联盟第 1）
2017/2018 赛季，截止到 2 月初，库里场均得到 27.5 分、5.1 个篮板、6.4 次助攻，进攻效率值高达 120.1，位居联盟第一。

●真实命中率 /67.3%（联盟第 1）
库里 2017/2018 赛季状态火热，截止到 2 月初，场均得到 27.5 分，真实命中率达到恐怖的 67.3%，位居联盟第一。

●连续五赛季三分 /5x200+
库里自从 2012/2013 赛季开始连续五个赛季命中 200 记以上的三分球，他在这 5 个赛季的三分球命中数分别是 272、261、286、402、324，其中有四个赛季排在联盟三分球单赛季命中数前四位，并且也让他成为联盟历史上首位能连续 5 个赛季都至少投中 200 记以上三分的球员。

2379494 2018 全明星西部票王（总票数）		
67.3% 真实命中率之王	**2000** 最快达成 2000 记三分先生	
73 单赛季胜场最多纪录	**157** 连续三分命中场次纪录	**98** 季后赛三分命中数纪录
24 开季连胜场次纪录	**5×200+** 连续五个赛季命中超二百记三分	
100 客场三分连续命中场数纪录	**9x10+** 至少投中 10 记三分场数纪录	
402 历史单赛季三分王	**13** 单场三分命中纪录	**52×7** 至少投中 7 个三分球场数

JBL
The
30

1988—2018

库里三十岁特别纪念全景视角

聚焦酷镜头

NO 01
STEPHEN CURRY

天然萌

眉目如画，齿白唇红，库里就像诗书中走来的翩翩佳公子、动漫里勾勒的青葱小正太。

生就一副人畜无害、三好学生的标致面容，让库里成为球迷心中那位萌萌哒宠儿。

虽然可以凭借颜值来征服球迷，偏偏又拥有一身惊世骇俗的神射绝技，这让库里在场上举手投足都萌态十足，连叼起牙套都有型有款，成为标志动作。

NO 02
STEPHEN CURRY

时尚酷

毫无疑问，库里是颜值颇高的NBA球员，加上身材修长健硕，是属于“穿衣显瘦，脱衣有肉”那种典型的衣服架子，再加上他那日益凝结的王者之气，使他成为时尚与潮流的代言人。

经过多年的积累，库里已对穿衣打扮颇有心得，尽管不喜欢穿正装，但也能穿出自己的风格而不失礼仪，在场外的休闲打扮得到了球迷的广泛推崇。

出色的外形让他成为众多时尚品牌追捧的宠儿，库里成为美国知名男装品牌Express代言人，《智族 GQ》杂志更是将其作为封面先生。毫无疑问，库里已经走在潮流的最前沿，不仅他的投篮方式被无数年轻人模仿，就连他的穿衣之道也成为潮流的风向标。

SPALDING

NO 03
STEPHEN CURRY

恩爱秀

除了顶级篮球巨星身份之外，库里还有一个鲜为人知的身份——中国女婿。

库里的爱妻阿耶莎拥有四分之一的中国血统，她的外公是中国人。阿耶莎的容貌中有几分亚洲人的圆润与精致，她对于美食那份由衷的热爱与探索，很可能取决于那四分之一的中国人基因。

在认识库里前，阿耶莎是演艺圈中人，她从小就拍广告、上电视，参演过迪士尼影视剧的拍摄，也算是一个小童星。长大后阿耶莎也在一边当模特，一边继续自己的演员生涯。

但是，自从情定库里后，她选择放弃自己的演艺事业，有意识地远离娱乐圈，专心为库里打理家庭，平时只在视频网站上主持一档厨艺专栏。

库里在 MVP 演讲中第一个重点感谢的人就是阿耶莎，可见她在背后的付出以及她在库里心目中的分量有多重。

NO 04
STEPHEN CURRY

阖家欢

斯蒂芬·库里出身篮球名门，父亲戴尔·库里，曾荣膺NBA最佳第六人，是名噪一时的神射手。

子承父业，斯蒂芬·库里继承了一代射手的衣钵，并将远射技艺发扬光大。

库里的母亲桑娅·库里，曾是排球明星，她把俊美的容貌与灵敏的身手也遗传给了长子。

库里的弟弟塞斯·库里，如今也是小有成绩的NBA球员，先后效力于灰熊、骑士、太阳、国王和小牛（独行侠），虽然不能与光芒万丈的哥哥相比，但凭借着家传的三分手艺，在NBA立足不成问题。

库里的妹妹西德尔·库里，拥有令人羡慕的运动基因，上大学后也时常去大哥库里家玩，和嫂子阿耶莎是闺蜜。此外，西德尔承袭母业，在艾隆大学期间是一位颇有潜力的排球新星。

库里一家堪称运动世家，父母兄弟相处和睦，正是在这样一个和谐温暖的家庭里，库里才能无忧无虑地成长，创造出属于自己的一片天空。

如今斯蒂芬·库里早已娶妻生女，但与父母兄妹之间依旧保持着亲密的关系，经常一起聚会，分享浓浓的亲情。

库里在2011年7月30日与青梅竹马的女友阿耶莎完婚，七年来夫妻十分恩爱。2012年7月，库里和阿耶莎的第一个女儿莱利出生。库里和女儿莱利的关系非常亲密，他经常带领女儿出席各种公共场合的活动。

2015年7月13日，二女儿莱安出生，库里对于宝贝的降临感到非常欣喜，认为这是天赐的礼物。

斯蒂芬·库里家庭成员表

●父亲：戴尔·库里 Dell Curry
●母亲：桑娅·库里 Sanya Curry
●弟弟：塞斯·库里 Seth Curry
●妹妹：西德尔·库里 Sidell Curry

●妻子：阿耶莎·亚历山大 Ayesha Alexander
●大女儿：莱利·库里 Riley Curry
●二女儿：莱安·库里 Rian Curry

禁区往返跑用时 11.07 秒，3/4 场冲刺用时 3.28 秒，这些数据并不算登峰造极，但如果辅之以出类拔萃的控球技艺，试问天下有几人能阻挡？

库里的运球，恰似云中漫步，变幻无穷。依靠节奏与方向的变化。库里连续的胯下运球和背后运球，惟妙惟肖的假动作，极易扰乱防守者的节奏，再加上他那弹无虚发的投篮，常常让对手提心吊胆、顾此失彼。

NO 05
STEPHEN CURRY

运球控

有些天赋是老天赐予，我们都惊诧于库里那宛如天弓的神射技艺，但他那出神入化的运球突破，何尝不是天赋使然。

出身篮球世家的库里从小就深谙各种运球之道，球性极其娴熟，似乎拥有异乎常人的球性与球感，但不要忽视他在背后付出的努力。

库里经常戴着墨镜单手运球，同时另一只手还要抛接网球，以训练他对球的掌控能力。戴着墨镜的情况下，能见度非常低，只有这样，才能练就出库里在极端环境里强大的运球能力。

此外，库里还经常两手同时控球，快节奏运球，并且双手下的球不断穿梭交换，如同翻花卷浪一般。双手运球，不仅培养左右手都能娴熟控运球，还能形成默契配合，使其在场上威力大增，颇有“左右互搏”之术的神韵。

运球行进间的库里，如暗影猎手般疾走在球场之上。相比于欧文的华丽、保罗的沉毅，库里的运球多了一丝灵动潇洒，他穿插于机关重重的天罗地网间，大胆而充满自信的控球，胜似闲庭信步。库里利用娴熟的运球，曾戏耍过詹姆斯、晃倒过保罗，成就了一段段佳话。

慑于库里 0.4 秒的出手神速和百步穿杨的精准射程，对手往往被迫贴身防守，而这恰恰磨练出库里另一项非凡技艺——背后运球。这让他减少被抢断的威胁，并随意改变行进的线路，同时给对手以压迫感。其隐蔽性与突然性较强，往往令对手防不胜防。

此外，库里左右手均能背后运球，能全天候的无缝衔接，这足以令他灵犀独步，自由穿梭，抵达他想去的球场任何地方。

不同于大多数投手喜欢把重心压低，然后奋力起跳完成出手，库里的动作更加简洁，不浪费任何时间和体力，只是轻微地跳离地面，就瞬间触发了他的投篮动作。他不仅是有史以来最纯正伟大的射手，他甚至给投篮两个字重新做出了定义，对投篮技术起到革命性作用。

NO 06
STEPHEN CURRY

三分王

仅仅0.4秒，库里就能完成整个投篮，速度之快冠绝联盟。他投篮时胳膊离垂直线5度，出手时球保持在50-55度之间，这样的球飞行弧度很高，高弧度加大了球下落时落入框中机率。经计算，投篮以45度出球时，命中率将会降低19%。

库里也是一位训练狂，比赛期间他保持每天投进200—350个球，而在休赛期更是每天要投进500球。库里已多个赛季刷新NBA单赛季三分球命中数纪录，创造单场13记三分命中纪录。NBA现在越来越喜欢投三分，库里掀起这个风潮。

“他是最好的射手，无论是出手速度、命中率、投篮次数、连续命中的能力、关键时刻的得分，他都无懈可击，”史蒂夫·纳什由地衷赞叹说。

斯蒂芬·库里的三分球，早就不能只用一个“准”字来形容了，还有就是疾。

2014/2015赛季286个三分；2016/2017赛季324个三分；2015/2016赛季402个三分，库里以一人之力，包揽了NBA单赛季三分命中数前三位。

库里之所以三分精绝，除了那蛮不讲理般的手感外，还有令人望尘莫及的速度。

天下武功，唯快不破。

库里从准备动作到拨球出手只需要0.4秒，比NBA球员平均速度快了0.2秒，而恰恰是这0.2秒，令对手猝不及防，只能目送库里弯弓搭箭、一矢中的。

出手点要比常人更高，弧度更大，这让他的投篮仿佛放大了篮筐，最大限度地避免了弹框而出。

NO 07
STEPHEN CURRY

万人迷

最佳NBA运动员奖、最佳男运动员奖、美国儿童最佳选择奖、全明星票王、球衣销量冠军、登上各大杂志的封面

赛外的库里，依旧成为万众追逐的焦点、无数球迷的最爱。

相貌俊美、举止文雅、温煦阳光、亲和可人，更重要的是拥有出神入化的球技，库里成为当红不让的万人迷。

2014/2015赛季季后赛，库里的球衣销量就已是最高，但这个数据还在迅猛提升。

Nike放走库里，就如同当年Adidas放走乔丹一样，成为永远无法弥补的错……由于库里签约UA，其强大的商业感召力也澎湃展现。2013年之后UA异军突起，竟然拥有与Nike、Adidas两大巨臂分庭抗礼的实力。

ARENA
STEPHEN CURRY
STEPHEN CURRY

NO 08
STEPHEN CURRY

金杯耀

库里对于奥布莱恩金杯的喜爱溢于言表 ，显然是一位不折不扣的“金杯控”。自从夺得奥布莱恩金杯之后，他就想将金杯揽入怀中，从克利夫兰的总决赛更衣室，到奥克兰国际机场勇士包机的旋梯，再到万里之遥的中国，总能见到库里与金杯的亲密接触。

2015 年中国行每一站库里都带着总冠军奖杯。“多看看就想着还得努力，明年争取再来一个。”他用金杯来激励自己。

于是，时隔一年，库里再次捧起总冠军奖杯。虽然没有夺得总决赛 MVP 奖杯，但库里在勇士的地位毋庸置疑，他也将集体荣耀视做珍宝，所以总冠军金杯成为他不离左右的最爱。

EP POUN

NO 09

STEPHEN CURRY

跨界潮

除了篮球，库里爱好广泛，经常大显身手，跨界出击的他依旧保持着较高的专业水准，依旧是万众瞩目的焦点。

作为一名以精准著称的篮球巨星，库里不仅有着领跑联盟的投射技术，在高尔夫领域上，他也不失准头。众所周知，走下篮球场的库里，十分热衷高尔夫球运动，尽管不是职业高尔夫球手，但他的精准可依旧凌厉十分。

此外，库里还酷爱橄榄球，从小在夏洛特长大的他就是黑豹（家乡橄榄球队）的超级粉丝，和黑豹四分卫卡姆牛顿相交甚好，并曾担任第 50 届超级碗（黑豹主场）的开场敲鼓嘉宾，这份际遇令人羡煞不已。

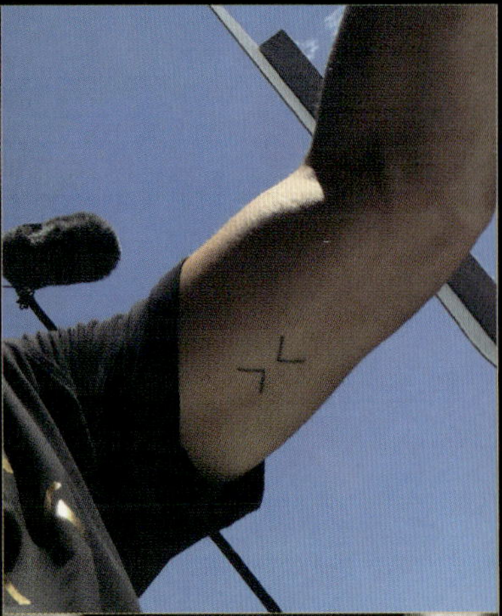

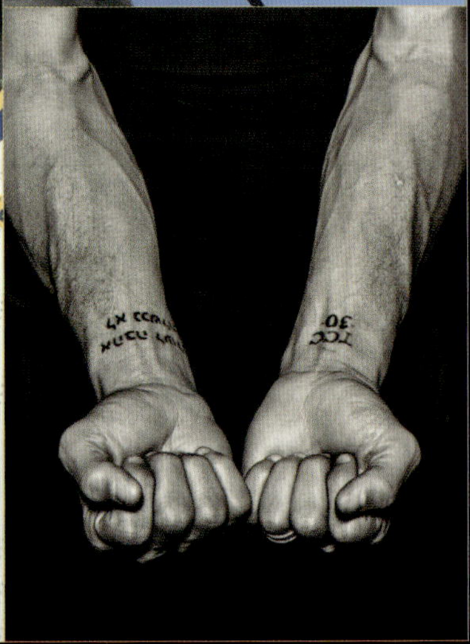

NO 10
STEPHEN CURRY

纹身秀

作为人畜无害的五好青年，库里连纹身也显得清秀典雅、格调高雅。不张扬、不奢华，有的是恰到好处的精致与非凡。

为了庆祝生涯第二冠，库里在家里搞了一个纹身派对，他邀请了湾区著名纹身艺术家 Nino Lapid 来到家中，在自己手腕上刻上了新纹身。作为斯文儒雅的优质偶像，库里的纹身也是恰到好处地精致与秀气。虽然纹身小巧纤细，但寓意十分深邃。

1. “><” 大于、小于符号

位置：左上臂内侧

这个字符并不是单纯的大小写符号，而是代表着虽有过去和未来的事，但我要享受当下，珍惜当下。另一种说法是“><”来自圣经的约翰福音 3 章 30 节：“他必兴旺，我必衰微”。

2. “爱是永不止息”（希伯来语）

位置：右腕

这句深邃奥古的话出自圣经的哥林多前书 13 章 8 节“爱是永不止息”，英文是“Love Never Fails”。这句话的原文是希腊文，但库里之所以用希伯来文，是因为库里的妈妈学过希伯来语，这也是库里和妻子 Ayesha 最喜欢的一节圣经，Ayesha 也有这个纹身。

3. “TCC .30”

位置：左腕

大家都知道 30 号是库里的球衣号码，而 TCC 则是库里大学的篮球教练鲍勃·麦金利洛普（Bob McKillop）的座右铭“Trust, Commitment and Care”（信任，献身，关怀）的缩写。

4. “A”

位置：左手无名指

“A”代表他太太 Ayesha 的第一个字母。库里夫妻的恩爱感情堪称联盟楷模，这样高能秀恩爱的纹身出现在库里身上一点也不奇怪。

5. “WOE”

位置：右臂上侧

“WOE”的意思是“精益求精”—— Working On Excellence，来自说唱歌手 Devontee。

NO 11
STEPHEN CURRY

美食汇

虽然偶尔也会大快朵颐，但库里的饮食非常自律，食物搭配以新鲜、清淡、健康为主旨。

每天清晨离家前，库里都会喝上满满一杯奶昔。妻子阿耶莎会做牛油果吐司、煎鸡蛋给全家人吃，而塔巴斯哥辣酱和浓味切达乳酪则是库里一家的必备调料。

赛季期间，阿耶莎每天都会准备 10 盒蔬菜、肉类和淀粉类食物（通常是藜麦、鸡肉、蔬菜和红薯）以便让库里随时随地都能吃上。而加入红糖、番茄、罗勒等调味品的煎培根、意大利面也同样是库里的钟爱之选。

库里的午饭通常都不会是正儿八经的大餐，他往往会吃上一份普通的三明治来打打牙祭，用料也仅仅是一层鲜果一层肉。看得出来库里的用餐习惯真的是“细水长流”，颇为符合 NBA 中少食多餐的习惯。

鲜嫩多汁的烤鱼是库里一家晚餐经常吃的菜，配上蔬菜、米饭和土豆，又方便又好吃。

每逢节日、聚会，香蕉朗姆酒焦糖冰淇淋则成了库里家的招牌甜点。这道高调奢华的甜品，融合着香蕉的软糯和朗姆酒的清冽，与冰激凌的搭配更有着“冰火两重天”的绝妙口感。和其他 NBA 巨星不同，库里并未在饮食上挥金如土，毕竟，对于有着“厨神”妻子的他，纵是天下珍馐绝味，也比不上夫人的爱心之作呢。

特别链接：家有厨娘

“如果留住一个男人，就先留住他的胃。”库里妻子阿耶莎深谙此道，她精通厨艺，还出了相关书籍。

阿耶莎在社交网络上晒出自己为家人准备的各种大餐，包括哈里萨辣酱鲑鱼、馅料香肠、甘蓝菜沙拉、小面包、古法烤小羊肉、橡果饮料　餐后甜点还准备了夹心酥饼，里面填了黑莓梨子和无花果酱，还有冰淇淋，超级丰盛。

NO 12
STEPHEN CURRY

中国行

作为 NBA 当今最炙手可热的双 MVP 先生，库里凭借率真、随和的亲民形象也在中国收获好评。

2015 年 9 月，库里带着总冠军的光辉开启首次亚洲之行，为其 Under Armoury 库里二代先造其势。所到之处“MVP”喊声震天，好多球迷直言，这是他们见过最亲民的超级巨星。

2016 年，库里中国行的主题为“传旗亚洲”，六天的时间辗转沈阳、广州、香港、台北四城。

2017 年 7 月 22 日—27 日，库里辗转北京、成都、杭州。

虽然天气炎热，却比不上中国球迷的热情，库里所到之处，万人空巷，许多球迷不远千里只为一睹偶像的风采。

情

NO 13
STEPHEN CURRY

基石库

每个时代都有其标志化的巨星潮流先驱，“像魔术师一样传球”“像乔丹一样后仰”“像卡特一样扣篮”“像艾弗森一样变向” 如今，“像库里一样投篮”是当世篮坛最时尚的 cosplay。

从 NBA 赛场无限扩张的攻击半径，到校园联赛里流水线般的射手产出，不难看出：斯蒂芬·库里，正在用他独有的方式影响着一个时代的竞技风气。

那些无视对手围追堵截毅然三分出手的选择，那些跨过半场旋即瞄准靶心扣动扳机的胆魄，那些即便交出球权依然能够牵制敌军防守的势能 无不彰显着库里的独特，而他的成功并不因为拥有阿凡达的天赋。

如果以胜利贡献和战略价值衡量一个球星的作用，恐怕历史上没有几个人能跟库里相提并论。总决赛数据无法呈现库里非凡的价值，FMVP 的空白也不能改变他对于一支准王朝球队文化建设上的卓越贡献。

魔术师、乔丹、伯德和詹姆斯们，定义了帝王式领袖的带队思路，即无论球队如何运作，唯我独尊的中心思想永不动摇。所以贾巴尔和沃西只能做 ShowTime 时代引领者的左膀右臂，皮蓬和罗德曼怎么看都像是帮主的保镖，麦克海尔和帕里什说大鸟才是绿军之魂，哪怕是球队元老的韦德也必须俯首称臣高呼“吾皇万岁”。

库里对权力如视草芥的处世哲学，以及不刻意营造帝王威严的纯良，与邓肯颇有一脉相承之象。但石佛终究是传统 PF 流派里的上乘宗师，对于篮球运动格局的发展，并无革命性的推动。所以相比之下，库里更显与众不同。

他才是勇士真正的基石。

哪怕伊戈达拉在总决赛里上演草根传奇，哪怕杜兰特像当年勒布朗虐自己一样虐勒布朗，也不会有人敢说“库里可有可无”。明眼人一看便知，是库里强大的牵制力和无球影响力，支撑起整个战局的变化。库里的存在，是勇士战术体系得以流畅运转的前提。

仅凭一手三分，库里就能跻身历史十大巨星的行列，他把射手演绎得神乎其技、统治力爆棚。况且，他飘逸灵动、仙气十足，突破、助攻、上篮都充满云蒸霞蔚般变幻无限，令人目眩神迷。

无论是常规赛、季后赛还是总决赛，库里才是勇士这艘银河巨舰的核聚变发动机，无论谁拿了总决赛 MVP，你也不能无视“库里引力”的存在。

当杜兰特手感热得发烫，连续单打得手，骑士依然放任他单打，依然包夹库里，只能说明一个问题，骑士宁可被杜兰特一个人打死，也不敢打开斯蒂芬·库里这个潘多拉的魔盒。

2016/2017 赛季，库里在球权减少，让出第一攻击核心的情况下，依旧场均 25.3 分、6.6 次助攻、4.5 个篮板，并且在杜兰特受伤缺战期间，他率队打出 14 连胜。总决赛中，尽管在骑士疯狂的协防夹击之下，库里依旧能拿下场均 26 分、9 次助攻、8 个篮板，最后一战面对提前包夹，库里拿下 34 分、6 个篮板、10 次助攻，如果说杜兰特用单打打垮了对手，库里则是用个人威慑力摧毁了骑士的防线。

由于库里的存在，勇士才成为如今那支逸气飘扬、万箭如飞的球队。

勇士与库里，在 2015/2016 赛季常规赛，更是一种风云际会、天人合一的神话，彼此成就了 73 胜、402 记三分命中，名标青史。

库里才是这支勇士的基石，即便身边有杜兰特这样的超级巨星。

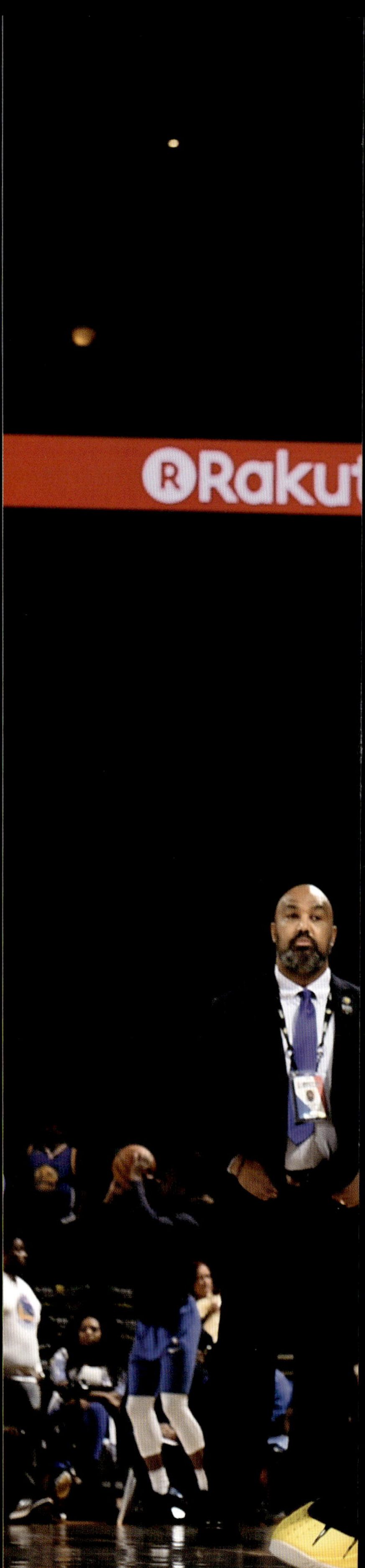

GOLDEN STATE
BASKETBALL
Rakuten

三十而酷

斯蒂芬·库里三十岁编年史

楔子

萌神前传

1988–2009年 > Stephen Curry

只有在回望历史时，我们才能对命运留下的那些绝妙伏笔真正悠然神会。比如在小小的、毫不起眼的阿克伦城，竟然会接连诞生两个站在NBA联盟最巅峰，乃至左右篮球历史走向的超级巨星。

勒布朗·詹姆斯一出场就飞跃到云端之上，高中时期就红遍全美，以至于他只能跳过大学直接进入NBA。而斯蒂芬·库里则是草蛇灰线，蜿蜒千里，不到修炼成神，飞龙破壁，你永远无法意识到他是这个时代的真命天子。戴尔·库里先生身为职业球员，却似乎只来得及遗传自己的投篮手感，并没有给库里一副强壮的身板。哪怕是和未发育完成的普通职业球员相比，斯蒂芬同学也太瘦弱了些。

对于崇尚暴力的篮球世界，主角这清秀纤弱，如同泼墨山水画般的漫画扮相，实在太容易让导演组怀疑他是不是走错了片场。

杜克大学的球探们就是这样想的。

他们垂涎于库里神奇的投篮手感，但皱着眉头看了看他的骨架身材，然后毫不犹豫地拒绝了他。于是库里去了某某大学。“某某”的意思就是，说出名字来你也不知道。

后来，因为库里的缘故，我们都知道了，戴维森学院。

一如所有天才被流放到最底层重新升级的故事，斯蒂芬·库里不仅让人们知道了这个名字，还让他成了NCAA的黑马，将它带到了它以前绝不可能触及的至高点。

顺便，理所当然的，库里同时在这里创造了刷屏般的个人纪录。

库里的家乡是夏洛特附近的一个小城，这里篮球手的数量极为有限，这意味着较为低强度的对抗等级。

小时候，从没有人认为这个瘦弱白净的孩子能在篮球上玩出名堂，更没人想到他会打NBA，但戴尔·库里目光长远，2004年夏天，他对在院子里玩球的小库里说：“你投篮姿势不对，你投篮出手点太低，是从腰里推出去的。你在街区学校里打野球没问题，但遇到更高大强壮的对手，你就没法出手啦。”然后他逼着库里改变投篮姿势，不改正，就不让他在外

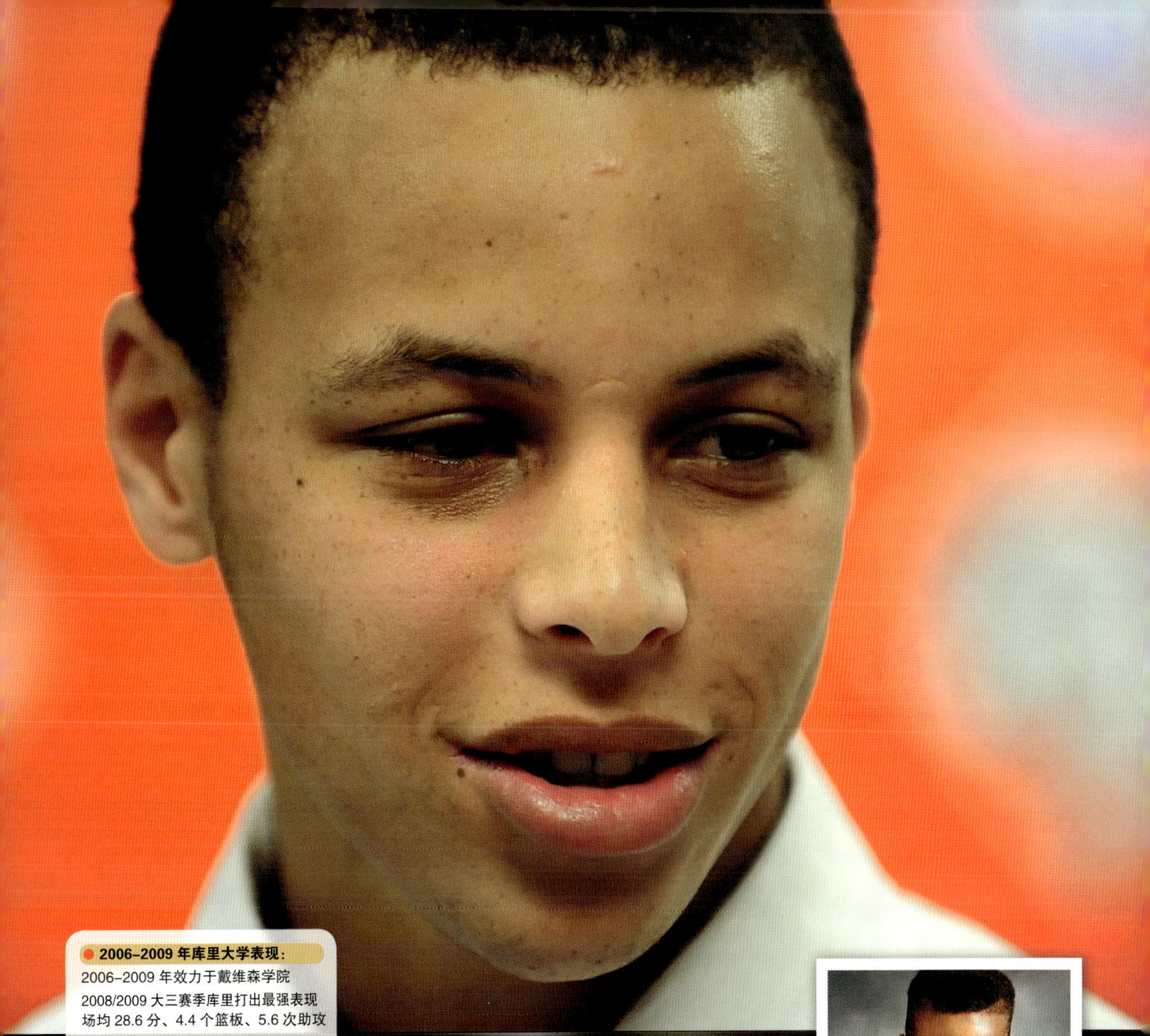

2006–2009 年库里大学表现：

2006–2009 年效力于戴维森学院

2008/2009 大三赛季库里打出最强表现

场均 28.6 分、4.4 个篮板、5.6 次助攻

1988–2009 年库里小记：

1.1988 年 3 月 14 日出生于俄亥俄州阿克伦，同詹姆斯是老乡。

2. 父亲戴尔・库里是 20 世纪八九十年代 NBA 著名的神射手。

3. 从小到大一直将父亲视为偶像。

4.1998 年，10 岁时经常进出雄鹿的训练馆，同雷・阿伦一起练习投篮。

5.2003 年，15 岁时与妻子阿耶莎在教会相识。

6.2004–2007 年，高中时期，曾一度采用三八式投篮。

7.2007 年高中毕业，没有一只 NCAA 篮球名校愿意接受他。

8.2007 年，在父亲的指导下，耗时一个月改变投篮手型。

9.2008 年，159 记三分球创造 NCAA 单季三分球纪录。

10.2009 年，大学第三个赛季得到 2488 分，刷新戴维森学院历史纪录。

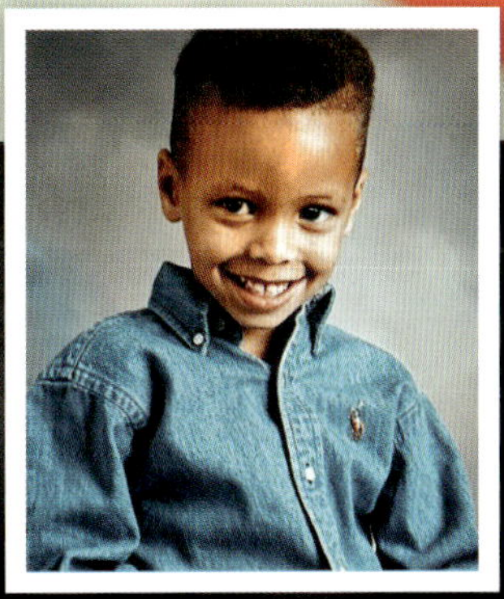

线投篮。在付出了一夏天的汗水之后，库里的投篮姿势终于不像马里昂了。

高中毕业那年，斯蒂芬·库里才长到了183cm，体重72公斤，父亲到处帮他找球探，联系大学，可惜没有人能看出这位比姑娘还清秀的孩子身上有什么超凡脱俗的篮球天赋，篮球是个很高、很快、很有力量的运动，库里除了很快，其他方面一点都不沾，这样的孩子应该温文尔雅地画画、弹钢琴、唱赞美诗。连戴尔的母校弗吉尼亚理工大学也拒绝了他儿子——“你家孩子这体格，打不了NCAA”。

最后，库里家乡的戴维森文理学院接受了库里，这是一座只有1700名学生的地方学院，教练鲍勃·麦凯洛普至今还记得库里的NCAA处子秀：“他第一场比赛，上半场就满地滑倒，胡乱传球，送出了大概9个失误，我都在考虑是不是要把他踢出首发阵容了，但第二场比赛对阵密歇根大学，他砍下了32分、4次助攻、9个篮板，我没看错人。”

大三结束前，他已经成为了全美第一阵容的球员，AP和ESPN称他为“本时代最出名的大学篮球运动员之一”。每一场戴维森的比赛，观众席里总是那红色的30号球衣。

等到2008年NCAA疯狂三月的时候，连勒布朗·詹姆斯都赶过来看他的比赛了。当库里用整整一个下半场的三分球打得威斯康辛大学喘不过气来的时候，勒布朗都为之折服，起身鼓

掌，皇帝当时可曾想到——这个瘦弱清秀的小伙子，会是今天的劲敌，MVP 最有力的竞争者之一？其实，他们俩还算得上是老乡，都是在阿克伦出生的孩子。

但库里和詹姆斯走了两种完全不同的篮球道路，如果詹姆斯是降龙十八掌那样的刚猛路数，库里便是“桃花影落飞神剑，碧海潮生按玉箫”的清奇风格。他在猛兽横行的 NBA 球场上，就像是一个普通人，他没有发达的肌肉，没有劲爆的扣篮，甚至不会像大多数人那样飞来飞去，他看上去就让人觉得亲近，但绝不会有人看一眼就相信他是个 NBA 球员，那迷人的一颦一笑，分明是某个青春偶像剧的男主角。所以，当这种充满亲和力的特质，和那无所不能、令人“绝望”的得分能力，交织在一起，赋予一人之身时，那就更加迷人了。

在库里的人生中，良好的家庭环境并不能帮助他在职业体育的道路上走得更加顺畅。当他高中毕业选择大学时，没能得到任何一份奖学金。他大学时期效力的戴维森学院是名副其实的贵族学院，而这也意味着这所学院在大学联赛中的成绩乏善可陈——自 1969 年之后，戴维森学院没能在 NCAA 锦标赛中赢下任意一场球。但正是在几乎没有队友加成的情况下，库里在大学完成了蜕变，并在 2009 年首轮第七位被选中。

01 金童降临

2009/2010 赛季 > Stephen Curry

一个看起来比纳什都更容易被风吹走的少年，能在选秀大会上进入前十顺位，自然是因为他的大学表现太过惊艳。但如果真的有一支球队肯在这个顺位区间选他，那一定不是因为理智的分析，也不是因为爱；而是因为某种集体无意识般的历史遗留下来的疯子血统。准确地说，就是这支球队向来不走寻常路。这支球队叫做金州勇士队，而且它此时的教练名叫唐·尼尔森。

别说是斯蒂芬·库里了，就是随便从街上抓来一个路人甲，然后将其送到选秀大会的小绿屋中，那个疯狂科学家说不定也敢选。

无论库里之前的表现多么惊艳，在这一刻其实都没什么作用。因为人们对他的身体没有信心。而身体已经不可能改变了，就像人们的偏见。

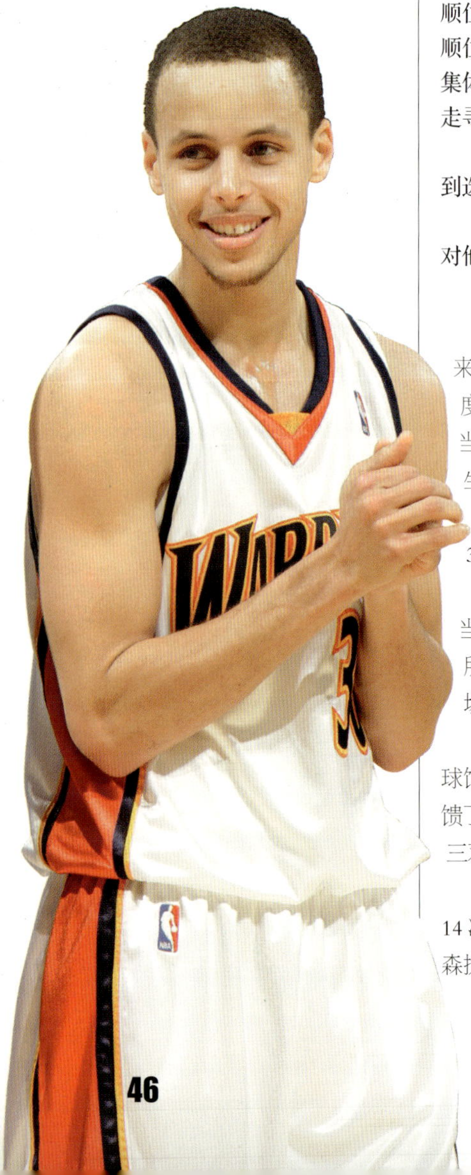

2009 年 NBA 选秀，斯蒂芬·库里在首轮第 7 顺位被金州勇士队选中。来到这个曾经被金州匪帮统治的地方，库里背负着巨大的压力，早年的他一度被认为是一个玻璃人，因为膝盖经常受伤，让人们认为他不值得第 7 顺位，当时库里被选中时纽约现场响起了一片嘘声。带着这样的评价库里开启了他生涯的第一场比赛。

2009 年 10 月 29 日，在勇士与火箭的比赛中，斯蒂芬·库里首发出场，36 分钟 12 投 7 中拿到 14 分、2 个篮板、7 次助攻和 4 次抢断，完成 NBA 首秀。

来到 2010 年，NBA 官方公布了 1 月份月最佳新秀名单，斯蒂芬·库里当选西部月最佳新秀。在 1 月份的比赛当中，库里场均出场 39.5 分钟排在所有新秀的首位，场均 19.1 分排在第二位，场均 5.1 次助攻排在第二位，场均 4.4 个篮板排在第七位，场均 2 次抢断排在首位。

2010 年 2 月 11 日，埃利斯的膝盖又出问题了。库里代表全队在甲骨文球馆作了赛前发言，“感谢球迷支持我们的前半程”。然后他用实际行动回馈了球迷。他斩获 36 分、13 次助攻、10 个篮板，这是库里职业生涯的第一个三双。上一个 30+10+10 的新人成绩，还是凯文·约翰逊在 1988 年做到的。

2010 年 4 月 8 日，在勇士与森林狼的比赛中，斯蒂芬·库里得到 27 分、14 次助攻、8 个篮板球和 7 次抢断的准四双数据，同时成就了主教练老尼尔森执教历史上的第 1333 场胜利。

新秀赛季，斯蒂芬·库里场均 17.5 分，命中率 46%，三分率 44%，罚

2009/2010 赛季库里表现：

参加比赛 80 场，77 场首发。

场均 17.5 分、4.5 个篮板、5.9 次助攻。

2009/2010 赛季库里小记：

1.2009 年首轮第七顺位被勇士选中。

2.2009 年新秀体测，库里 84 公斤卧推 10 次，同届号称“控卫詹姆斯”的泰瑞克·埃文斯只推了 7 次！垂直弹跳高度同格里芬一样，3/4 场冲刺 3.28 秒，比埃利斯还快 0.03 秒！

3.2009 年 10 月 29 日，NBA 首秀对阵火箭，贡献 14 分 7 次助攻 4 抢断。

4.2009 年 12 月 24 日对阵黄蜂，贡献 17 分 10 篮板的生涯首次两双。

5. 成为联盟历史上首位拿到 27 分、14 次助攻、8 个篮板、7 次抢断的新秀。

6.2009/2010 赛季，全票入选新秀第一阵容。

球率 89%，4.5 个篮板、5.9 次助攻、1.9 次抢断，而这一切还只是纸面上的。赛季最后一个月他场均获得 26+6+8 的成绩。

简单来说，如果他发力早一点，泰瑞克·埃文斯的年度新秀会很危险。

本来库里是有机会在新秀赛季让更多人相信一下自己的。因为在赛季后半段，勇士队那个和他同样轻盈纤细的搭档受伤了。谦逊的库里只能当仁不让，全明星之后几乎是场均 25+5+5 的表现，还有一个 36 分 10 篮板 13 助攻的三双。历史第六个神奇如斯的新秀。全季结束，场均 17.5 分的表现在新秀中绝对出类拔萃。他如德芙般丝柔顺滑，命中率高达 43.7% 的远射，也让观众看得如同被情人抚摸过一般舒畅，乃至疯狂。

但一是爆发得有些晚了，二是遇到了超级怪物，新秀赛季就场均 20+5+5 的泰瑞克·埃文斯是历史上第四个完成这种壮举的超级新秀。前面是罗伯特森，乔丹和斯蒂芬·库里的老乡。这就没办法了。

虽然全票新秀最佳阵容一队肯定是没跑的。然而并没有什么用，谁让他外貌的欺骗性强大得就像一加一等于二一样无懈可击呢？

说他上限很高，就像说他颜值很低一样，根本没人相信。

2009/ 钛金一代

2009/2010 赛季高光

在 2009 年选秀大会上，库里在首轮第七顺位被勇士选中。同届中有哈登、格里芬、德罗赞、卢比奥、朱·霍勒迪、埃文斯等如今名震江湖的众多球星。

在 2015 年，2009 一代异军突起，阵中有三位领军巨星，他们风格迥异而又互为犄角之势，遥相辉映，为 09 一代奠定了显赫地位。格里芬的飞天遁地早已名满天下，而库里、哈登后来居上，他们均没有非凡的天赋，但凭借独树一帜的精湛球技来征服天下，三星如同大纛般擎起 09 一代的战旗，而同年选秀的其他巨星均各具异彩，他们集体的井喷式爆发为其博得响亮的名字——钛金一代。如果说 96 黄金一代与 03 白金一代都因叱咤风云、群星璀璨而名噪一时，被大家津津乐道，那么在 1996、20003 年华老去的如今，09 钛金一代的井喷式集体爆发，让我们见证了繁华如锦的现在。

96 与 03 一代，初入联盟便声名鹊起，如黄金、白金一般被人初见便视为奇珍！与这些天生贵胄不同，09 一代进入 NBA 后的历程坎坷，即使库里与哈登上演了一个赛季 MVP 二人转，那些专家们还是挑剔地评估着他们……但如今，09 钛金一代强劲崛起的态势，已不可阻挡。

2009 选秀名单

首轮	球队	球员
1	快船	布雷克·格里芬
2	灰熊	哈希姆·塔比特
3	雷霆	詹姆斯·哈登
4	国王	泰瑞克·埃文斯
5	森林狼	里基·卢比奥
6	森林狼	乔尼·弗林
7	勇士	斯蒂芬·库里
8	尼克斯	乔丹·希尔
9	猛龙	德玛尔·德罗赞
10	雄鹿	布兰顿·詹宁斯
11	蓝网	泰伦斯·威廉姆斯
12	山猫	杰拉德·亨德森
13	步行者	泰勒·汉斯布鲁
14	太阳	厄尔·克拉克
15	活塞	奥斯汀·达耶
16	公牛	詹姆斯·约翰逊
17	76人	朱·霍勒迪
18	森林狼	泰·劳森
19	老鹰	杰夫·蒂格
20	爵士	埃里克·梅诺

02 青葱迷茫

2010/2011 赛季 > Stephen Curry

在生涯第二个赛季里，斯蒂芬·库里平稳地成长着，场均18.6分、4个篮板、5.8次助攻，顺手千灵百巧地拿了一个技巧挑战赛冠军。

但平稳的另一种意思，自然就是缺乏惊喜了。还是那个意思，你很不错，但你很大概率就是这个样子了。好吧，扔开这些难以改变的看法，看看勇士这支球队吧。

这支球队的风格，就像是他们的后场双枪一样，才华妖异到让人窒息，但太过轻盈漂浮。他们崇尚速度和远射，但在当时还稍显缓慢厚重的联盟，无论他们的技巧如何奇幻莫测，也只会像周芷若闯进金刚伏魔圈一样无计可施。他们在库里到来之前的2007年，以这种打法完成过惊世骇俗的黑八奇迹。但当炸弹般的巴郎·戴维斯离去后，他们就失去了制造疯狂场面的发动机，那支匪徒般的队伍也随之解体。

库里并不是一个冲锋陷阵型球员，也不是那种从天而降直接就能一个人改变一切的救世主。事后来看，他身上潜藏着某种闪亮的，足以改变现代篮球架构模式的因素，但却需要足够漫长的试验、失败、重组的过程才能将之嵌入一支完整的球队。

来到2010/2011赛季，斯蒂芬·库里的数据比上赛季稳稳地提高了。事实上库里常年遭受脚踝伤势困扰，这也让球队无法放胆将全部赌注压在他身上。在近两个赛季里，库里已经经受过12次严重的脚踝扭伤。

虽然医生确认库里的右脚踝并没有结构性损伤，但他脆弱的脚踝让勇士构建的整个未来脆弱无比。2010/2011赛季，库里的个人表现让人满意，但他的噩梦却起始于此。右脚踝，成为了库里的阿喀琉斯之踵。扭伤，伤退，复出，再扭伤，再伤退，再复出，这样的循环没完没了。

2011年2月2日，NBA官方公布2011年全明星新秀挑战赛大名单，斯蒂芬·库里入选二年级队。

2011年2月20日，在全明星周末技巧挑战赛中，斯蒂芬·库里用时28.2秒，战胜拉塞尔·威斯布鲁克等对手，最终夺冠。

2010/2011 赛季库里表现：

参加比赛 74 场，全部首发。
场均 18.6 分、3.9 个篮板、5.8 次助攻，2011 全明星技巧挑战赛冠军。

2010/2011 赛季库里小记：

1.2010 年入选"梦九队"，代表美国队征战男篮世锦赛，并夺冠。
2.2011 年全明星技巧大赛中以 28.5 秒夺冠。
3. 荣膺 2011 年体育道德风尚奖。
4.2011 年 7 月 30 日，与阿耶莎正式完婚，并成为中国女婿，因为新婚妻子有 1/4 中国血统。

在库里的新秀赛季，他们 26 胜，这个赛季则是 36 胜，全都无缘季后赛。在这个赛季开始前，疯狂科学家唐·尼尔森递交了辞呈，斯玛特成为过渡教练，勇士继续寻找新的出路。此时此刻，一切都还在探索阶段，谁也不知道路有多长，谁也不知道接下来会有什么好事或者坏事发生。

是的，这个赛季结束后，他们选中了克莱·汤普森，这是好事。

03 伤病阴霾

2011/2012 赛季 > Stephen Curry

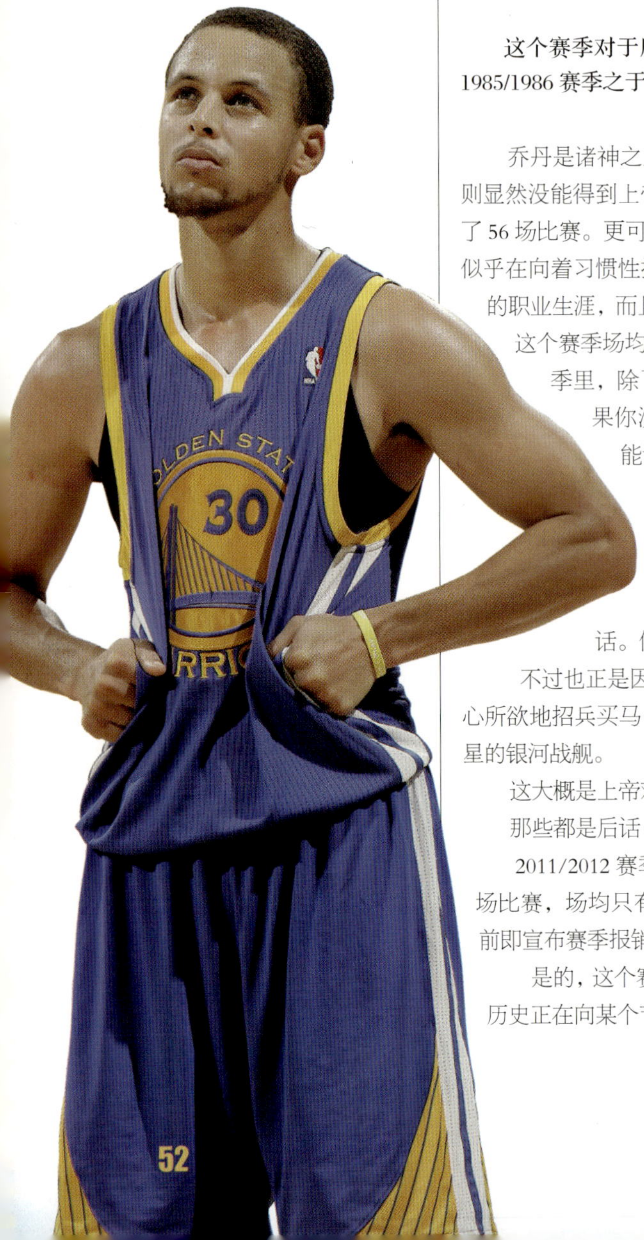

这个赛季对于库里而言，几乎是毁灭性的。关于灾难程度，你可以参考1985/1986 赛季之于迈克尔·乔丹。

乔丹是诸神之主，当赛季一回来就能本色出演扮上帝。而史蒂芬·库里则显然没能得到上帝的祝福。因为严重的脚踝伤势，他在这个赛季足足缺席了 56 场比赛。更可怕的是，这伤势已经有了明显的影响他职业生涯的苗头，似乎在向着习惯性扭伤发展。对于一个篮球运动员而言，这简直是在审判他的职业生涯，而且证据齐全。被这可怕的伤势困扰，库里的数据明显回落，这个赛季场均只有 14.3 分。而那个愣头青克莱·汤普森，在他的处子赛季里，除了敢于出手任何投篮之外，似乎没能表现出任何优点。如果你没有开天眼，千万不要说他至少有神射手的本能。这种本能许多二把刀射手也丝毫不缺，比如湖人的波普。

幸亏斯蒂芬·库里迷人的微笑，明亮的外表，已经明显开始迷醉金州的球迷，甚至包括管理层。此时此刻，球队送上的 4 年 4400 万美元的合同，足以证明最高级别的诚意——如果不是之后两年里这个世界忽然开始疯狂的话。但世道就是如此神奇。

不过也正是因为这个两年后就开始变成白菜价的合同，金州勇士得以随心所欲地招兵买马，组建起了一支包括库里和杜兰特在内的，合计四个全明星的银河战舰。

这大概是上帝对这次恐怖的伤势的补偿，其价值无可估量。

那些都是后话，那个赛季的库里饱受伤病困扰，一度被视为“玻璃人”。

2011/2012 赛季，斯蒂芬·库里持续受到脚踝伤病的侵袭，仅出战了 26 场比赛，场均只有 14.7 分、5.3 次助攻和 3.4 个篮板。在常规赛还未结束之前即宣布赛季报销。一年多的时间内，库里都被脚踝问题包围着。

是的，这个赛季结束后，他们选中了德拉蒙德·格林和哈里森·巴恩斯。历史正在向某个节点前进，虽然现在还完全看不出来。

2011/2012 赛季库里表现：
参加比赛 26 场，23 场首发。
场均 14.7 分、3.4 个篮板、5.3 次助攻。

04 匪帮崛起

2012/2013 赛季 > Stephen Curry

勇士初步完成了自己的架构：挡拆高手大卫·李，状元中锋博古特，古典神射汤普森，以及无法无天的替补控卫贾莱特·杰克——格林和巴恩斯还在成长，这时候谁也没开天眼嘛。

这些人组合在一起，就是为快速进攻而生的新一代金州匪帮。只不过这支匪帮是文艺版的，有时甚至会散发出漫画气息。因为帮主的外号和长相实在是杀气不足。

但帮主并不缺乏杀人的手段。

在新秀合同的最后一年，库里以一种疾风骤雨般的姿态让全世界的篮球迷知道，NBA 联盟有个球星，他的三分球很准，准到可以在一节时间里摧毁一支季后赛球队。他的名字叫斯蒂芬·库里。

2012 年 11 月 1 日，勇士队官方宣布和斯蒂芬·库里就续约事宜达成一致。新合同为期 4 年价值 4400 万美元，2013 夏生效，2017 夏到期。一年多的时间内，库里都被脚踝问题包围着。不过，勇士在确认了库里脚踝没有结构性损伤后，送走艾利斯，将其扶正。如今看来，这或许是勇士队最明智的决定。成为了球队绝对核心的库里，终于在生涯的第 4 个赛季迎来了爆发。但由于西部有着一打后卫球星，于是最终在队友大卫·李入选 2013 年全明星的情况下，库里落选，成为了当年最大的遗珠。2013 年 2 月 28 日，勇士客场挑战尼克斯，斯蒂芬·库里得到创生涯个人单场新高的 54 分，并贡献 6 篮板、7 助攻和 3 抢断。此外，库里全场一共命中了 11 记三分球，与联盟纪录仅相差 1 球。在全明星结束后的第 10 天，库里用这样一场表现来回应联盟。

2013 年 4 月 18 日，在勇士与开拓者的比赛，斯蒂芬·库里全场投中 4 个三分球，2012/2013 赛季三分球命中数累计达到 272 个，超越雷·阿伦（2005/2006 赛季 269 个）成为联盟历史单赛季三分王。从那时起库里的三分球

● 2012/2013 赛季库里表现：

参加比赛 78 场，全部首发。
场均 22.9 分、4 个篮板、6.9 次助攻。

● 2012/2013 赛季库里小记：

2012 年 7 月 19 日，迎来与妻子爱情的结晶，女儿莱利出生。
2013 年 7 月 28 日对阵马刺，得到个人单场新高的 54 分。
2012/2013 赛季命中 272 个三分，超越雷·阿伦（2005/2006 赛季 269 个）成为联盟历史单赛季三分王。
2013 年离开 NIKE，转投 UA。

一发不可收拾，连年创造新纪录。

摆脱了伤病困扰的库里在 2013 年终于首度率领勇士以西部第六的成绩挺进季后赛，而他也以 272 记三分球打破了 NBA 历史单赛季命中总数的纪录。季后赛首轮，勇士面对的是最佳教练老卡尔领军的掘金。两人包夹中强投、距离三分线外一大步干拔，库里用一记记完全不合理的三分球击散了掘金的士气，魔鬼主场百事中心变得一片寂静。最终，掘金出局（这一年夏天，掘金领袖伊戈达拉转投勇士）。

2013 年 5 月 7 日，季后赛西区半决赛第 1 场勇士对阵马刺，斯蒂芬·库里首发出战 57 分 56 秒，在两次加时中他只休息了 4 秒，35 投 18 中得到 44 分、11 次助攻和 4 个篮板，其中第三节得到 22 分。1973 年—2013 年 40 年季后赛历史中，单场得到这样数据的除库里外只有 1990 年 5 月 14 日的迈克尔·乔丹，后者面对 76 人砍下 45 分、6 个篮板和 11 次助攻。这场比赛过后，胜利天平开始朝着老辣的马刺倾斜。大比分 2 比 4，库里的首次季后赛之旅便就此终结。

丹佛掘金是一支狂暴的田径球队，丹佛高原是让所有对手缺氧的主场。这个对手有幸成了库里在季后赛中的第一道祭品。顺便，勇士在休赛期捕获了这支球队的当家球星伊戈达拉，完美的胜利。

第二轮面对完成重生的圣安东尼奥马刺，库里又贡献了一场经典演出，44 分 11 助攻，单节 23 分。他们和马刺大战六场，然后败北。但足够了，他们的青春活力征服了观众。在比赛失去悬念乃至结束后，仍然有大量观众留在场内，库里和汤普森带着眼泪向他们保证，他们会回来。

回到最巅峰。

1 对决科比斗紫金

2012/2013 赛季高光

2013 年 4 月 13 日，勇士客场挑战湖人。此战，库里 31 投 17 中，三分球 15 投 9 中，狂砍 47 分、9 次助攻、6 个篮板。其中上半场 21 中 12，三分球 10 中 6，飙出生涯半场纪录的 32 分。无奈不敌全队爆发的湖人，客场 116 比 118 惜败对手。

在这场焦点大战中，斯台普斯中心星光闪耀。科比无法阻挡的狂砍 34 分，最后更是拼得受伤退场，终于率队险胜。但库里的 47 分依然闪耀洛杉矶的上空，荡气回肠。

2 一波流断金诀

2012/2013 赛季高光

2013 年 4 月 29 日，季后赛首轮勇士与掘金的第四战。大比分 2 比 1 领先的勇士渴望在主场再接再厉，凿穿掘金。全队众志成城，库里更是在赛前打了一针止痛封闭，这是他职业生涯第一次接受这种注射。

此战带伤上阵的库里勇冠三军，16 投 10 中，三分球 11 投 6 中，狂砍 31 分、7 次助攻、4 次抢断。尤其在第三节迸发惊人能量，在不到 7 分钟里，库里三分球 7 投 5 中，摧枯拉朽地连砍 22 分，一人打出一波流，将分差拉开到 19 分，最终率队以 115 比 101 战胜掘金。大比分 3 比 1 领先，晋级在望。

CURRY
30
24

05 功亏一篑

2013/2014 赛季 > Stephen Curry

事后看来，2013/2014 赛季的金州勇士和之后一年几乎没有什么差别，但结局却天差地远。也许是教练的原因，和后来的史蒂夫·科尔相比，马克·杰克逊是另一个极端，他太喜欢让库里掌控一切了。

库里是个魔法师和刺客的诡异混合体，能在忽明忽暗、忽近忽远的变幻中杀敌于无形。但如果让他一直站在明处，正面攻坚，那就太容易暴露他的纤弱和爆发力的不足。马克·杰克逊自己是个控卫，他大概没有意识到博古特这样的巨人中锋、德拉蒙德·格林这样的穷人版巴克利，也是可以大量处理球的——在库里的牵制下。

2013/2014 赛季，库里和他的勇士众志成城。

2014 年 1 月 3 日，勇士客场面对上届冠军热火，库里全场奉献了 22 投 13 中和三分球 15 投 8 中的疯狂盛宴，凭借 36 分、12 次助攻、4 次抢断的完美数据击败强大的热火，成为首个能够在迈阿密人身上至少拿到 35 分、12 次助攻以上的球员。历史对战热火的比赛中，仅有迈克尔·乔丹和阿伦·艾弗森两名超级巨星取得了这样的成绩，而库里则成为能够比肩乔丹和 A·I 的疯狂杀手。

2014 年 1 月 24 日，NBA 公布了 2014 年新奥尔良全明星首发阵容，斯蒂芬·库里首次当选全明星即进入西部首发阵容。这一位“娃娃脸杀手”终于征服了绝大多数的球迷，他生涯首度入选全明星便得到了首发出战的机会。“感谢大家让我美梦成真。”库里不断地圆梦，似乎已经成为了一种习惯。

2014 年 2 月 17 日，斯蒂芬·库里在新奥尔良全明星赛的处子秀中，首发出场，得到 12 分、11 次助攻，成为勇士队历史上第一个在全明星赛上奉献得分和助攻两双的球员。

2014 年 4 月 12 日，在勇士战胜湖人的比赛中，斯蒂芬·库里全场得到 30 分、10 个篮板和 12 次助攻，收获职业生涯第 5 次三双，并帮助勇士队提前锁定季后赛席位。最终勇士凭借 51 胜的战绩再度杀入季后赛，他们的对手是洛城新

● 2013/2014 赛季库里表现：

参加比赛 78 场，全部首发。
场均 24 分、4.3 个篮板、8.5 次助攻
全明星首发 / 最佳阵容二阵。

● 2013/2014 赛季库里小记：

1.2013 年 12 月 8 日，超越贾森·理查德森，以 701 个三分命中数成为勇士队队史三分王。
2.2014 年 2 月 17 日，新奥尔良，库里在全明星处子战砍下 12 分 11 助攻，成为勇士队史上第一个在全明星赛上奉献两双的球员。
3.2013/2014 赛季命中 261 个三分。
4.2014 年入选“梦十队”，出征男篮世界杯，随队夺冠。
5.2014 年夏，公开力挺被管理层炒掉的恩师马克·杰克逊。

贵快船队。系列赛第二场，勇士惨遭快船碾压，沮丧的库里在比赛中由于裁判的判罚问题，一怒之下将牙套作为泄愤的工具扔到一旁，还因此吃到了技术犯规。最终经过七场鏖战，备受期待的勇士队在首轮遗憾出局，对于库里带队能力的质疑声再度出现。

库里继续创造着单赛季三分球命中纪录，而勇士却没能用一堆上佳的零件组装出真正的变形金刚，只能在上赛季的基础上原地踏步，甚至有所后退。伊戈达拉的使用效果没有达到预期，有些浪费他的天赋和全能身手。北卡黑鹰哈里森·巴恩斯会有灵光一现的单挑，但他需要更大的发挥空间。而这些，只能留给来年的史蒂夫·科尔来一一完成了。

季后赛中，勇士和快船大战七场后惜败，赛季结束。但历史就是这样有趣：快船给勇士带来了黎明前最黑暗的时刻，而勇士在之后三年里让快船面对自己一胜难求。

回溯这个赛季，26岁的库里已经率领勇士杀入季后赛半决赛，而且他几乎成了联盟中最好的射手。单纯从数据来看，库里几乎能够与联盟史上那些最著名的射手平分秋色。

从最直观的层面来看，库里目前职业生涯的三分命中率为44%，仅次于史蒂夫·科尔的45.4%。当然，二者所在时代并不相同，科尔所在的年代，NBA的三分线比如今的更近。另外，三分命中榜上诸如科尔、胡伯特·戴维斯、杰森·卡波诺以及史蒂夫·诺瓦克之流，无一例外全部属于纯投手。他们没有自主创造投篮机会的能力，且出场时间较少，大多在职业生涯中扮演球场空间制造者的角色。

1 最快三双达成

2013/2014 > 赛季高光

2013年12月28日，勇士主场对战太阳。此战，库里仅出战33分33秒，送出14分、13个篮板、16次助攻的三双数据，16次助攻也打破了他的单场助攻纪录，率球队115比86血洗太阳29分。

对阵太阳，这是联盟新锐力量的对决。此战，第三节刚开始2分多钟，库里就已经完成了三双：14分、11个篮板、10次助攻，当时他仅出场22分钟而已。这是库里职业生涯的第3次三双，也是他该赛季的第2次三双。他成为了NBA有效统计以来最快完成三双的球员。

2 西班牙世界杯夺冠

2013/2014 > 赛季高光

2014年西班牙男篮世界杯，美国队以129比92大胜塞尔维亚队夺冠，成功卫冕，决赛中砍下26分的欧文夺得MVP。库里表现可圈可点，此届杯赛他场均得到10.7分、2.8个篮板、2.9次助攻，也曾有命中6记三分的高光表现。

库里曾随“梦之队”夺得2010年土耳其世锦赛和2014年西班牙世界杯冠军，2014年之后，库里一度决定退出美国男篮“梦之队”，但他又表示渴望参加2019年男篮世界杯和2020年东京奥运会。

值得一提的是，2019年男篮世界杯将在中国举行，届时无数中国球迷能近距离一度“萌神”的风采。

USA
5
8
13
12
14
11
6
4
FIB

USA

06 换帅抵巅

2014/2015 赛季 > Stephen Curry

毫无疑问，这个赛季的金州勇士队会被当做里程碑写入历史，连字眼都已经被提前拟好了，跑轰战术空前的胜利。

这一切来自新教练史蒂夫・科尔的创造：增加了博古特在战术中的作用和地位，然后说服伊戈达拉打替补，将成长起来的德拉蒙德・格林和巴恩斯提上首发。然后，勇士以库里 & 格林的高位挡拆位核心，混合三角进攻式阵型和走位，外加一大批实力、天赋、经验兼备的球员，成功打造出史上最流畅最完备的挡切、远射体系。这个体系将库里的灵巧、精准，以及由此带来的巨大空间创造能力发挥到了极致。于是，忽然间，勇士这支之前在季后赛前两轮苦战求胜的年轻球队，变成了战绩榜单的领跑者。

上赛季首轮出局让勇士决心解聘主帅马克・杰克逊，史蒂夫・科尔走马上任。作为历史上最高效的射手之一，科尔最是懂得三分球的价值。在他的跑轰体系中，“水花兄弟”迎来蜕变。库里在外线的牵扯力，真正让每个队友在进攻中获益。勇士开始凯歌高奏，赛季的前 23 场比赛，勇士赢下了 21 场，其中包括一波 16 连胜。

2015 年 1 月 8 日，勇士主场迎战步行者，斯蒂芬・库里职业生涯三分球命中数突破 1000，成为 NBA 历史上命中 1000 记三分球最年轻的球员，同时也以用时 369 场比赛成为 NBA 历史上最快投进 1000 个三分球的球员。

无懈可击的球队表现，让勇士成为了聚光灯下的焦点，而库里也终于跻身于联盟超级巨星的行列。在全明星票选中，他在末轮逆袭勒布朗，成为了 2015 年纽约全明星赛的票王。

除此之外，他用 286 记三分球再次打破了自己在两年前创下的纪录。勇士在库里的率领下，一路吊打对手，很多时候库里只需出战三节比赛即可。最终，勇士得到了队史最佳的 67 胜。在常规赛临将结束时，MVP 的冠冕几乎已钉在库里的头上。

这个赛季我们看到了最好的勇士，他们不仅是联盟战绩最好的队伍，NBA 数据表明他们还有着最高的进攻和防守效率，上一支能达到如此水平的球队是 1996 年的公牛。按 100 回合计算，勇士队场均能净胜对手 12 分左右，

2014/2015 赛季库里表现：

参加比赛 80 场，全部首发。
场均 23.8 分、4.3 个篮板、7.7 次助攻，常规赛 MVP/ 总冠军 / 最佳男运动员奖。

2014/2015 赛季库里小记：

1. 成为 NBA 历史上命中 1000 记三分球最年轻的球员。
2. 2015 年全明星赛票王。
3. 286 记三分球，单赛季三分命中数新纪录。
4. 命中 73 记三分，超越雷吉·米勒(58 记)，创造了 NBA 单赛季季后赛三分球命中数纪录。

这项数据是紧随其后的快船队的近两倍，仅此一项，21 世纪再没有队伍能和他们媲美。最好的球队要有最好的球员带领，而库里无疑是这支勇士蜕变的根本。库里的集锦中鲜有救世主时刻，恰恰证明了本赛季他和他的球队是多么强大。

勇士最终以 67 胜 15 负雄踞常规赛战绩榜的榜首，2014/2015 赛季场均拿到 23.8 分、7.7 次助攻、3.6 个三分球的库里，终于等到了属于自己的东风。随风起舞，直冲九天，库里当选常规赛 MVP。勇士一跃成为联盟的超级强队，库里也正式踏入超级巨星的行列。

2015 年 4 月 26 日进入季后赛，首轮第 4 场勇士以 109 比 98 击败鹈鹕，斯蒂芬・库里出场 38 分钟，贡献 39 分、8 个篮板、9 次助攻，成为勇士队史自 1985/1986 赛季以来首位季后赛单场比赛至少得到如此数据的球员。

季后赛次轮勇士客场以 108 比 95 战胜灰熊，以 4 比 2 的大比分淘汰对手，进军西部决赛。斯蒂芬・库里全场贡献 32 分、10 次助攻，其中三分球 13 投 8 中，刷新职业生涯季后赛单场三分球命中数纪录。

西部决赛第 5 场勇士主场战胜火箭，以 4 比 1 的大比分淘汰对手晋级总决赛，斯蒂芬・库里成为 NBA 历史上第 31 位率队杀入总决赛的当赛季 MVP。此外，库里以命中 73 记三分球继续刷新 NBA 季后赛三分球命中数纪录。

总决赛第 1 场勇士主场 108 比 100 战胜骑士，斯蒂芬・库里送出 8 次助攻，单届季后赛总助攻数累计达到 104 次，超越 1974/1975 赛季的里克・巴里（103 次），创勇士球员单届季后赛助攻数纪录，最终勇士以总比分 4 比 2 战胜骑士，获得 2014/2015 赛季 NBA 总冠军。

金州勇士夺冠也打破了跳投无法夺冠的质疑，在总决赛 1 比 2 落后的情况下，勇士队撤下博古特，用两米零三的伊戈达拉打四号位，身高一米九八的格林顶五号位，于是史无前例的小个阵容“死亡五小”横空出世。然后，他们连取三局，夺冠。新的历史诞生。

新帅科尔的妙笔一挥，不仅仅是灵光一现，虽然当时谁也没想到，这次尝试会给篮球史带来什么样的影响。就如同谁也想不到，库里那瘦弱的身体，会在之后三年里稳稳站在时代的最顶峰，就像之前的乔丹、科比和勒布朗・詹姆斯那样。

“死亡五小”与库里，代表统治未来潮流的军团与王者，已踱步巅峰，一切看似突然，但又牢牢的站定峰巅，成为后来无数球队效仿的楷模。

荣耀收割一季

2014/2015
赛季高光

2014/2015 赛季，斯蒂芬·库里率领金州勇士崛起已是必然，不仅球队以摧枯拉朽的方式横扫联盟，夺得总冠军，库里本人更是荣耀满载，在这个赛季中，将所有顶级荣耀（除总决赛 MVP 之外）悉数收入囊中，堪称 2014/2015 赛季的荣耀收割机。

2015 年 2 月 15 日，全明星三分球大赛，斯蒂芬·库里以预赛 23 分、决赛 27 分的成绩获得冠军。

2015 年 5 月 4 日，斯蒂芬·库里当选常规赛 MVP，成为勇士队史继 1959/1960 赛季的威尔特·张伯伦后，第二位当选常规赛 MVP 的球员。

2015 年 6 月 17 日，勇士以总比分 4 比 2 战胜骑士，获得 NBA 总冠军。

07 冰点沸点

2015/2016 赛季 > Stephen Curry

这是名宿告别的赛季，也是传说诞生的赛季。在科比与世界告别的过程中，金州勇士正在以 NBA 史上最华丽的进攻上演新的传奇。2015 年的总决赛后三场为史蒂夫·科尔带来了灵感，从此之后，一个叫做“死亡五小”的战术开始横扫整个联盟。金州勇士以 24 连胜开局，同期战绩屡屡刷新 72 胜公牛的神话纪录，一度打出 45 胜 3 负的恐怖开局，让人对新的常规赛战绩纪录浮想联翩。

这一切都建立在斯蒂芬·库里空前绝后的控球和神射上。库里在整个常规赛所向无敌，随心所欲：单场 12 个三分球，全赛季 402 颗三分球；以超过 50% 的命中率场均砍下 30 分，拿下得分王和抢断王。几个月里，“库日天”的名号传遍整个篮球世界：他给了人们一种幻觉，他只是把篮球向天空随便一扔，然后命令上帝将篮球放进篮筐。

彻底蜕变的勇士们携总冠军之勇开始了新赛季的征程，每个人都想在上届冠军面前逞逞威风，但他们往往都是乘兴而来，败兴而归。波澜壮阔的开季 24 连胜让所有人都瞠目结舌，在这波创造历史的连胜中，库里场均贡献 32.6 分、6.1 次助攻，包括 7 场得分 40 以上的表演，多次在关键时刻救球队。

2015 年 10 月 28 日，勇士在 2015/2016 赛季揭幕战中以 111 比 95 击败鹈鹕，斯蒂芬·库里首发出战 36 分钟，26 投 14 中得到 40 分、7 次助攻、6 个篮板，成为自 1972 年贾巴尔后，首位能在揭幕战中得到 40 分的常规赛 MVP。

2015 年 11 月 1 日，勇士 134 比 120 大胜鹈鹕，斯蒂芬·库里出场 36 分钟，得到 53 分、9 次助攻、4 个篮板、4 次抢断，其中第三节得到 28 分，刷新职业生涯单节得分纪录。库里生涯第三次单场得分超过 50，成为勇士队史自张伯伦、里克·巴里之后第三位有过 3 场得分超过 50 分以上的球员。

时隔半个月，勇士客场以 129 比 116 战胜森林狼，斯蒂芬·库里再砍 46 分并命中了 8 记三分球，成为勇士队史对阵森林狼时

2015/2016 赛季库里表现：

参加比赛 79 场，全部首发。
场均 30.1 分、5.4 个篮板、6.7 次助攻，常规赛 MVP/ 得分王 / 抢断王 / 最佳阵容。

2015/2016 赛季库里小记：

1. 28 分，刷新职业生涯单节得分纪录。
2. 开季 24 连胜创纪录。
3. 三分球连续命中 128 场创新纪录。
4. 单赛季命中 402 记三分，创造史上首位单季三分球命中数超过 400 记。
5. 单赛季 73 胜创纪录。
6. 场均 30.1 分，荣膺赛季得分王。
7. 场均 2.1 次抢断，荣膺赛季抢断王。
8. 全部第一选票的常规赛 MVP。

单场得分最高的球员。

2015年12月12日，勇士客场双加时以124比119险胜凯尔特人，库里得到38分、11个篮板、8次助攻，14罚14中，率领勇士以24胜战绩保持赛季不败，算上2014/2015赛季，球队取得了28连胜，打破了由热火保持的NBA历史第二长的27连胜纪录，仅次于湖人历史最长的33连胜。

当连胜被终结之后，勇士又锁定了另一个目标——1995/1996赛季公牛的赛季72胜纪录。2016年4月15日，勇士主对阵灰熊，常规赛收官之战。最终库里投入10记三分，勇士125比104轻取灰熊，上届冠军的常规赛战绩定格在了73胜9负，超越1995/1996赛季公牛的72胜10负，创造了NBA常规赛历史新的胜场纪录！

2016年5月11日，斯蒂芬·库里当选2015/2016赛季常规赛MVP，得到了所有的131张第一选票。这些似乎预示着总冠军金杯也是囊中之物，可人们似乎谁也没有预料到危机的悄然来临，在库里和勇士写完了称雄于整个NBA常规赛历史的神话演出之后。

站在上帝视角来看，也许是为了创造历史，库里过度消耗了体力。季后赛首轮便膝伤复发，虽一度上演加时独砍17分王者归来式的表演，但还是给最终的总决赛埋下了隐患。勇士一度在3比1领先的大好形势下，被骑士上演绝地大反击，抢七落败，痛失总冠军。

虽然勇士最后未能蝉联总冠军。但这个赛季的勇士和库里，创造了各种各样的纪录，开创了自己的时代，“死亡五小”阵容让整个联盟为之震惊。2015/2016赛季对勇士和库里而言，只是一个伟大的开端。

这个赛季对于库里而言，是最浓烈的甜蜜，也是最痛苦的伤痕。季后赛第一场，库里就受伤了。当他们跌跌撞撞地越过雷霆，并在总决赛3比1领先骑士之后，一连串意外和阴谋开始上演，并最终引发了不可思议的灾难结局。巨大的争议和微妙的巧合，场下的阴谋和场上的奇迹，诸多因素被命运聚集在一起，成就了NBA总决赛史上第一次大比分1比3落后大逆转。詹姆斯五项数据领衔全队，加冕第三尊总决赛MVP，成了这个赛季最后的、最大的赢家。

1 赛季命中402记三分

2015/2016 赛季高光

2015/2016赛季库里总命中402记三分，以100+巨幅刷新自己在2014/2015赛季创造的NBA单赛季三分命中纪录（286），并且场均投中5.1分，缔造了恐怖的纪录。此外，他还在2016/2017赛季命中324球，排名单赛季三分命中榜的第二位，在此榜单前五名中，库里独占四席。

2 全票常规赛MVP

2015/2016 赛季高光

2016年5月11日，斯蒂芬·库里荣膺2015/2016赛季常规赛MVP，而且也成为NBA历史上第一位获得全部第一名选票的常规赛MVP。

本赛季库里率领勇士在常规赛中打出73胜的历史最佳胜绩，投进了创纪录402个三分。场均得到30.1分、5.4个篮板、6.7次助攻、2.14次抢断，他的投篮命中率高达50.4%，其中三分球命中率45.4%，罚球命中率90.8%，这让他成为了本赛季唯一一位三项命中率分别达到50%、45%和90%的球员。

NBA 历史单赛季三分命中数 TOP5

排名	赛季	球员	命中数
1.	2015/2016	斯蒂芬·库里	402
2.	2016/2017	斯蒂芬·库里	324
3.	2014/2015	斯蒂芬·库里	286
4.	2012/2013	斯蒂芬·库里	272
5.	2005/2006	雷·阿伦	269

08 还我至尊

2016/2017 赛季 > Stephen Curry

四届得分王杜兰特加盟一支 73 胜球队，无疑是 2016 年最爆炸的新闻。

事实上，休赛期的勇士带着一种说不出的危机：冠军之战带来的巨大心理落差自不必说，博古特 34 岁了；伊戈达拉也有 32 岁，而且刚刚带伤打完最激烈的一个系列赛。在这之外，还可能伴随着阵容上的不小变化，巴博萨、艾泽利和巴恩斯都换了东家。

但杜兰特的加盟直接打消了这些疑问：之前的勇士害怕低节奏肉搏战，但现在不怕了，杜兰特能在任何节奏下用个人能力把球投进。之前的勇士无法长时间使用小个阵容，因为篮板球和禁区防守吃亏，但现在也不怕，因为杜兰特是个怪物，是个拉长版小前锋，能在防守端化身加内特。

杜兰特的加盟，让库里的角色发生了微妙的变化。他和 KD 是真正的天作之合，几乎不需要任何磨合就能适应对方：NBA 史上最善于制造空间的控球后卫，外加 NBA 史上最善于在开阔空间下无死角杀伤对手的得分王。当他们一起发动挡拆时，世间没有任何人能防住他们。

2017 年 1 月 20 日，斯蒂芬·库里入选全明星西部首发阵容，连续 4 年参加全明星赛。

2017 年 3 月 1 日对阵奇才，杜兰特伤退离场。此时距离季后赛仅剩两个月，勇士失去最稳定的火力点，进攻重担再度落在了库里的肩上，尽管还有格林与汤普森，三巨头依旧阵容豪华，但让已经适应“四蹄飞奔”的勇士改变节奏，并不是件容易的事。

面对纷至沓来的质疑，库里带领的勇士立刻用出色战绩给出了回答——他们在杜兰特回归前的 13 场比赛中获得了全胜。其间再度面对奇才，库里狂飙 9 记三分为杜兰特复仇，也让所有觊觎王座的挑战者望峰息心。

2016/2017 赛季，库里代表勇士队出战 79 场常规赛，场均得到 25.3 分、4.5 个篮板和 6.6 次助攻，累计命中 324 个三分球。至此，库里以 2015/2016 赛季的 402 个三分球、2016/2017 赛季的 324 个三分球和 2014/2015 赛季的 286 个三分球包揽 NBA 历史单赛季三分球命中榜的前三位。

2016/2017 赛季库里表现：

参加比赛 79 场，全部首发。
场均 25.3 分、4.5 个篮板、6.6 次助攻，全明星首发 /NBA 总冠军。

2016/2017 赛季库里小记：

1.2016 年 11 月 5 日库里连续 157 场命中三分，创三分连续命中场次纪录。
2.2016 年 11 月 8 日，库里命中 13 记三分刷新单场三分命中数纪录
3.2017 年 5 月 3 日库里超越里克·巴里(106 次)，成为勇士季后赛抢断王。
4.2017 年 5 月 21 日库里超越里克·巴里(1776 分)，成为勇士季后赛得分王。

传奇解码

52x7 **笑傲羽林：** 2017 年 3 月 21 日，勇士客场以 111 比 95 战胜雷霆。库里三分球 12 投 7 中，这是他职业生涯第 52 次单场至少投中 7 记三分，52 次高居 NBA 历史第一位。排在第二位的是 JR.史密斯的 28 次，雷·阿伦的 22 次排在第三。

传奇解码

295 **超越科比：** 2017 年 5 月 23 日，NBA 西部决赛，勇士客场以 129 比 115 战胜马刺。库里本场命中五记三分，季后赛生涯三分命中数达到 295 个，超越科比（292），排在 NBA 历史第 5 位。科比用了 220 场季后赛，库里只用了 70 场。

2017 年 4 月 25 日，季后赛首轮第四场勇士以 128 比 103 击败开拓者进入次轮，库里得到 37 分、8 次助攻、2 次抢断，其中三分球 11 投 7 中，职业生涯季后赛第 9 次单场至少命中 7 个三分球，高居 NBA 历史首位。

2017 年 5 月 23 日，季后赛西部决赛第四场勇士以 129 比 115 战胜马刺最终大比分 4 比 1 战胜马刺再度挺进总决赛。

宛如浪花般翻云覆海，恰似流星般箭掠长空，如今的库里将突破、助攻与三分拿捏的游刃有余、妙到毫巅。看似云霞无常的浪客，却拥有一颗精准的箭心。在 2017 季后赛库里表现完美，场均 28.6 分、5.5 个篮板、5.6 次助攻，投篮命中率 50.2%，场均 4.4 记三分球，命中率 43.1%，联盟第一！场均得分、篮板、投篮命中率、三分球命中率全部刷新生涯最高。

在经历了上赛季总决赛以 3 比 1 逆转后，库里变得更加的成熟，更加的稳定。那种盲目自信的浪投三分大量减少，同时增加了冲击篮下，这使得他在季后赛的真实命中率高达 67.5%，力压詹姆斯的 67.3% 排名加盟第一！足以证明他的强大。

2017 年 6 月，勇骑二队不出意料的会师总决赛，这是他们连续 3 年狭路相逢，前两年两队战成 1 比 1 平。尽管有杜兰特的高能抢镜，但携带复仇之念的库里同样打出了生涯新高，他在 2017 年总决赛打出了场均 26.8 分、8.0 个篮板、9.4 次助攻、2.2 次抢断的全能表现。

尤其是 2017 年总决赛第二场，库里得到了职业生涯首次总决赛三双，还于第三节单打戏耍詹姆斯，惊艳了全场球迷。相比之下，当人们的目光聚焦于杜兰特时，却往往忽视了一个事实，正是骑士不遗余力地包夹库里，才有了前者在内线的肆无忌惮。

骑士的风声鹤唳，恰恰为库里证明了一切。奥布莱恩杯最终降临奥克兰，这属于快箭无双的勇士，更属于为勇士铸就灵魂的库里。

2016/2017 赛季，金州没有再盲目追求 70 胜，但太过强大的底蕴，使得他们天生丽质难自弃，一个赛季下来，依然有 67 胜 15 负的超级表现——季后赛更进一步，他们一路横扫，直到总决赛 3 比 0 领先死敌。OK 组合创下的神话纪录就此作古。

这次没有意外发生。回到主场后，金州勇士如愿报复了死敌。库里在最后时刻用一记标志性的三分球让骑士彻底死心，然后冠军到手：整个季后赛，金州勇士 16 胜 1 负。

2017 年第二冠，为团队主动牺牲个人数据的库里，换来不同于前两季波澜壮阔的常规赛和季后赛表演，但低调隐忍的付出，赢得的是再次夺冠的酣畅淋漓。他不介意将出风头的机会让给杜兰特，更不介意总决赛 MVP 奖杯底座上刻着的名字到底是不是自己。

如果以胜利贡献和战略价值衡量一个球星的作用，恐怕历史上没有几个人能跟库里相提并论。总决赛数据无法呈现库里非凡的价值。

魔术师、乔丹、伯德和詹姆斯们，定义了帝王式领袖的带队思路，即无论球队如何运作，唯我独尊的中心思想永不动摇。所以贾巴尔和沃西只能做 Show Time 时代引领者的左膀右臂，皮蓬和罗德曼怎么看都像是帮主的保镖，麦克海尔和帕里什说大鸟才是绿军之魂，哪怕是球队元老的韦德也必须俯首称臣高呼“吾皇万岁”。

库里对权力如视草芥的处世哲学，以及不刻意营造帝王威严的纯良性情，与蒂姆·邓肯颇有一脉相承之象。但石佛终究是传统 PF 流派里的上乘宗师，对于篮球运动格局的发展，并无革命性的推动。所以相比之下，

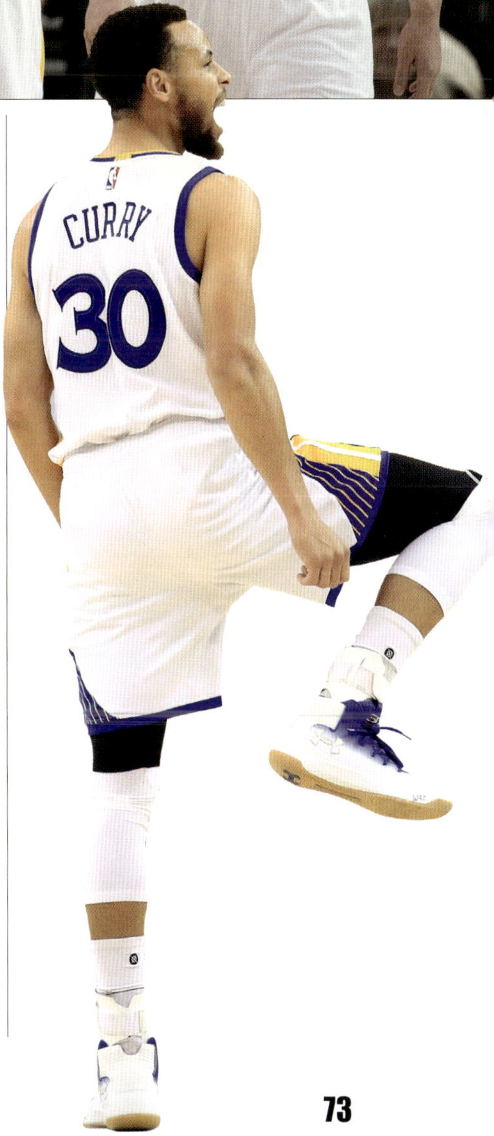

库里更显与众不同。

他才是勇士真正的基石。

哪怕伊戈达拉在总决赛里上演草根传奇，哪怕杜兰特像当年勒布朗虐自己一样虐勒布朗，也不会有人敢说“库里可有可无”。明眼人一看便知，是库里强大的牵制力和无球影响力，支撑起整个战局的变化。

库里的存在，是勇士战术体系得以流畅运转的前提。

1 王者归来 / 超强战绩再夺冠

2016/2017 赛季高光

2017年6月13日，勇士以4比1大比分击败骑士，时隔一年后再次夺得总冠军。库里总决赛场均26.8分、9.4次助攻、8个篮板，表现近乎完美。

2017年季后赛，勇士创造16胜1负的胜率超越2001湖人（15胜1负）位列历史第一，连胜15场超越1989湖人的13连胜，位列历史第一，总决赛场均得分120.8分跻身历史第四。

2 蔚蓝金黄 / 奥克兰夺冠游行

2016/2017 赛季高光

金色，华贵绚烂，象征着王者的荣耀；蓝色，浩瀚深邃，映衬出自由的辽阔……在奥布莱恩金杯闪耀中的奥克兰，蔚蓝金黄。

2017年6月16日，沐浴着西海岸太平洋的温煦海风，奥克兰沉浸在万人空巷的狂欢之中。勇士队成员、俱乐部工作人员以及他们的亲人，登上十几辆花车，从著名的百老汇大街11号开始了他们的夺冠游行。同2015年一样，整座城市被装点成一片蓝黄辉映的海洋，150万球迷欢呼雀跃、人海沸腾。

这一刻，奇迹属于勇士，属于成就勇士的奥克兰，这座浪漫迷人的城。

09 王朝柱石

2017/2018 赛季 > Stephen Curry

连续三个赛季拿到 67 胜以上的常规赛战绩，外加两个总冠军之后，在第四个赛季里，这个世界看起来仍然无法阻挡金州勇士。他们联盟第一的战绩外加刷屏般的数据统计也在证明这一点。是的，全世界都清楚他们的空切、远射和攻防转换，但却在实战中无计可施。

库里在休赛期拿到了一份符合身价的超级合同，然后在开局阶段显得有些慢热。但他是斯蒂芬·库里，只要他站在场上，就能将防守人的目光牢牢盯在自己身上，让队友有充裕的空间杀人放火。何况库里想要拉回自己的远射命中率，实在不是一件困难的事情。从 12 月中旬开始，到时间进入 2018 年，在连续一个半月的火爆远射之后，他的远射命中率毫无悬念地回到了自己的平均水平。不出意外的话，这又将是一个 300 颗三分球的常规赛。

2015/2016 赛季的库里过于传奇，所以自那之后，每年都会有“库里怎么啦”的问话，但凡库里有一两场不对了，世界就摇摇头，“库里不如 2016 年了”。

2017 年 7 月 1 日，斯蒂芬·库里和勇士队达成了一份为期 5 年价值 2.01 亿美元的签约协议。7 月 26 日，双方正式签约。成为 NBA 历史第一份 2 亿合同。

2017 年 10 月 21 日，勇士客场以 128 比 120 战胜鹈鹕，斯蒂芬·库里出场 35 分钟，得到 28 分、7 次助攻，职业生涯助攻数累计达到 3929 次，超越蒂姆·哈达威（3926 次），排名升至勇士队史助攻榜第 2 位。

2017 年 11 月 20 日，勇士队客场以 118 比 111 战胜篮网队，库里 6 犯离场，离场之前砍下全场最高的 39 分、11 个篮板、7 次助攻，这是他生涯中第 11 次 6 犯离场。当一向斯文的“箭神”发怒了，后果很严重。

随着 2.01 亿大合同收入囊中，库里终于可以心无旁骛地开始全新的赛季了。但对于库里来说，夺冠的“西天之路”或许并不一帆风顺。休赛期各支球队纷纷补强，就连一向被看衰的东部“弱旅”也打出了抢眼表现。此时的勇士将面临更加严峻的考验。

2017 年 12 月 2 日，勇士客场以 133 比 112 战胜魔术，斯蒂芬·库里全场

2017/2018 赛季库里表现：

参加比赛 38 场，全部首发。
场均 27.5 分、5.1 个篮板、6.4 次助攻，西部全明星票王。

2017/2018 赛季库里小记：

1. 签下 5 年 2.01 亿美元的合同。
2. 2017 年 10 月 21 日，库里助攻数累计超越蒂姆·哈达威（3926 次），排名升至勇士队史助攻王。
3. 2017 年 12 月 31 日，库里创造 16 场至少命中 9 个三分的联盟新纪录。
4. 2018 年 1 月 26 日，库里得到 25 分，个人生涯总得分突破 14000 分大关。

得到 23 分、10 次助攻，其中三分球 8 投 3 中，职业生涯三分球命中数累计达到 1990 个，超越贾森·基德（1988 个），排名升至 NBA 历史三分球命中数排行榜第 8 位。

2017 年 12 月 31 日，勇士主场以 141 比 128 击败灰熊，斯蒂芬·库里出场 26 分钟，得到 38 分，其中三分球 13 投 10 中，职业生涯第 16 次单场至少命中 9 个三分球，高居联盟首位。

自伤愈复出后，库里的状态异常火热，对阵灰熊狂飙 10 记远投，对阵独行侠在弧顶献上三分准绝杀，养伤期间顺带升级，伤愈归来攻城掠地，如何限制库里现已成为联盟难题。

2018 年 1 月 19 日，斯蒂芬·库里连续第 5 年入选全明星。并以 2379494 选票名列西部票王，成为西部队队长。但库里、杜兰特们在乎的，已经不是这些了。他们和这支球队正在开创一个属于自己的辉煌时代，就像当年八连冠的凯尔特人，和 Show Time 时代的湖人一样。他们的技术动作，打球方式，战术理念，他们的战绩，他们的总冠军，以及他们的建队模式，正将他们推向时代的巅峰位置。毫无疑问，在小球风潮兴起后，他们是最具代表性的球队。

在 2015 年之前，人们说，没有一支球队可以用小球夺冠。而到了 2018 年，人们却看到，金州勇士正在用小球统治世界。

1 签下两亿顶薪合同

2017/2018 赛季高光

2017 年 7 月 1 日，库里同勇士达成续约协议，双方签订一份为期 5 年总价值 2.01 亿美元的顶薪合同，这份合同金额创下 NBA 历史纪录。

拿如此肥约理所应当，作为两届常规赛 MVP，库里是勇士称霸天下的绝对基石，正是他那划时代的三分神技开启了一个前所未有的瑰丽时代，他就是金州勇士的灵魂与旗帜。

2016/2017 赛季常规赛，库里场均 25.3 分、4.5 个篮板、6.6 次助攻，投篮命中率 46.8%，三分命中率 41.1%。季后赛库里场均 28.1 分、6.2 个篮板、6.7 次助攻，投篮命中率提升到 48.4%，三分命中率达到 41.9%。

2 总冠军戒指颁奖礼

2017/2018 赛季高光

2017 年 10 月 18 日，勇士与火箭的揭幕战开始之前，2017 年夺冠的勇士举行总冠军戒指颁发仪式。在总冠军战旗的掩映下，勇士众将纷纷接过象征着至高无上的总冠军戒指。

此次戒指镶嵌了 11 克拉的钻石，并刻上了勇士队员球衣号码及季后赛纪录。这枚史上镶嵌最多钻石的总冠军戒指堪称奢华脱俗。总冠军戒指的正面有勇士标志性的大桥图案和冠军奖杯，整枚戒指金光闪闪，异常华丽。

戒指的背面，一个小的冠军奖杯非常精致。每一枚戒指的一侧都分别刻有勇士所有球员的球衣号码和名字。另一侧面，铭刻着勇士夺冠年份的纪录。

16
17
30

NBA
CENTRAL DIVISION CHAMPIONS
CAT
FOULS
planet fitness
planet fitness
planet fitness
BLACKOUT COLLECTION

与酷同行

库里九大对手／六大亲友

酷

库里九大对手

STEPHEN CURRY PK LEBRON JAMES

库里 *PK* 詹姆斯

库里可以说是詹姆斯之后最强大的比赛引领者和创造者。詹姆斯靠的是不可阻挡的强突禁区，而库里则靠的是历史第一的远射功力。这个纤弱而明媚的一号位，将蝴蝶翩跹的舞步，任意所之的控球，神乎其神的三分球融入一炉，爆发出不可思议的赛场牵制力：笨重缓慢的七尺巨人被他牵着鼻子带到三分线外，然后被他随意玩弄。对手的整个防守体系也随之四分五裂。这是现代篮球最具时代特色的缩影。于是有了勇士这样连续三年 67 胜往上的超级球队。而如你所知，除了勒布朗·詹姆斯，这三个半赛季以来，从未有人在系列赛中击败过库里，虽然只有一次。

①

勒布朗·詹姆斯是斯蒂芬·库里的球迷。早在八年前，库里在 NCAA（全国大学体育协会）大杀四方的时候，当时已经是 NBA 超级巨星的詹姆斯就坐在场下观摩着这位年轻后生的神奇表演，并在赛后表示库里是阿克伦的骄傲！

2015 年总决赛，似乎是冥冥中上天对两个“阿克伦的孩子”的安排，这样的对决是他们的缘分。詹姆斯和库里这对天才却有着完全不同的球风和形象，詹姆斯粗犷大气，拥有完美的体魄，打球刚健威猛。而库里则清秀可人，眉目如画，身材看上去只是一个普通人，球风流畅洒脱，行云流水。

詹姆斯与库里的对决，是两种篮球风格的碰撞，詹姆斯代表着力劈山河，谁与争锋的霸气风范，而库里则是白马银枪、猿臂闪射，一举一动都有着儒将风采，虽然让他扬名万丈的是全场无死角远投，但本质上他是指挥官。

他们的家庭出身和人生经历也截然不同，库里是球星家庭培养出的优秀星二代，而詹姆斯则是平民中崛起的天之骄子，但英雄间总是惺惺相惜的。

2015/2016 赛季，库里带领勇士携总冠军之勇横扫联盟，旷古烁今的 73 胜令库里蝉联了常规赛 MVP——这座曾经似乎是为詹姆斯定制的奖杯。随后，二人第二年在总决赛的舞台上相遇了，这一次詹姆斯不仅赢得了和库里的个人对决，更是率队上演绝地反击，将奥布莱恩金杯带给无比渴望的克利夫兰人。

但二人的对决远没有结束，联盟第一人的宝座，库里觊觎已久，而詹姆斯并无退位之意，两队连续三年的总冠军之争也分外精彩。

库里 PK 詹姆斯交手数据

二人对决 30 场 / 库里 17 胜 13 负

库里场均 23.4 分、5.1 个篮板、6.5 次助攻

詹姆斯场均 31.4 分、10.5 个篮板、8 次助攻

STEPHEN CURRY PK KOBE BRYANT

库里 *PK* 科比

②

科比和库里都是那种非常善于刺激观众视觉和心脏的球员。当全世界都认为某个投篮根本不可能的时候，他们会用一种风骚绚丽的方式告诉你，这个球没什么不可能。如果你还不信，那我就马上再给你表演一次——表演一整个赛季也行。他们在 2006 年和 2016 年常规赛的表现，就是这样的。科比以他逆天而行的单人杀戮演出，把五个人的比赛变成了一个人的独舞；库里则不仅仅是个体上的夭矫不群，他甚至改变了篮球场上的空间结构，迫使大中锋走出禁区，和小后卫比拼步频和速度，然后让对方的防守秩序七零八落。某种意义上，这也算是库里对科比的一种继承：修炼到极致的投射可以理所当然地决定胜利乃至冠军的归属。

2014 年科比伤愈归来，收敛很多锐气和锋芒，36 岁的他逐渐变得圆融通达，不再如年轻时那么偏执好斗。但每一次遇上金州勇士，科比依旧会像被点燃，和年轻十岁的库里针锋相对，寸步不让。因为对手的打法是那么熟悉，他眼中的库里，仿佛就是十多年前的自己，虽然动作更为纤巧，风格更为飘逸，出手的速度有如闪电，但骨子里的精神是一样的，任何时候都斗志昂扬。全场飞奔，无论是单人防守还是双人包夹，都能迎着防守全场无死角投射，这是一种不讲道理的天赋。

如今科比已经退役，但“黑曼巴”无疑在如今的联盟树立起一个标尺，库里作为新一代的领军人物，接过科比的权杖，成为号令群雄的传承者。

库里 PK 科比交手数据

二人对决 15 场 / 库里 6 胜 9 负

库里场均 22.9 分、4.9 个篮板、7.3 次助攻

科比场均 26.9 分、5.6 个篮板、4.2 次助攻

库里九大对手

STEPHEN CURRY PK JAMES HARDEN

库里 PK 哈登

毫无疑问，他们是 2009 届新秀中最出色的两位。表面上看，他们截然不同。库里像是干净明亮的东方山水画，永远散发着自然的光芒，不带丝毫俗世气息。哈登则是一个游戏风尘的荤道人，不放过世间所有的享受，胡子茂盛得如同心里的欲望。但在球场上，他们则是詹姆斯之后最能代表现代篮球风潮的两个人。虽然在场面上迥然不同，但事实上，他们不约而同地将比赛带进了快攻、突破上篮以及快速三分球这样的元素格局中。哈登不能像库里那样，绕过一个挡拆就能让对手像爬上过山车一样惊恐。但当防守者独自面对哈登时，哈登会把他玩得像个白痴。不要试图和这两个人的球队对攻，因为这年头那些最具效率的攻击手段，恰恰全都是他们最擅长的。

③

哈登和库里有着相似的人生轨迹：雷霆时期，哈登是杜兰特和威斯布鲁克身后的影子杀手，当年的库里也是蒙塔·艾利斯的小弟。当时局变幻之后，两人各自成为球队的核心。

他们都不断在质疑和困境中砥砺前行，不断挑战着自己的极限。哈登和库里从外形和球风上看也是完全不同的两个人。库里的三分犀利，控球华丽，从头到脚讨人喜欢；而哈登一脸大胡子，打球风格怪异而实用，他们完全像是来自两个星球的人。但对于球队的战术价值来说，他们本质上是一样的，都是控、传、投无所不能的双能卫，二人在相互竞争中进步神速。

从 2014/2015 赛季的 MVP 之争，到 2015/2016 赛季的得分王之逐，这对绝代双骄各自引领着球队在季后赛连续遭遇，很显然，库里和勇士都笑到了最后。但哈登远没有认输，20172018 赛季的"大胡子"找来保罗为其保驾护航，他也频频单打库里找到心得，率领火箭两胜勇士。

然而，他们的对决远未结束，火箭也陡然成为勇士在西部最为强劲的对手。

库里 PK 哈登交手数据

二人对决 36 场 / 库里 19 胜 17 负

库里场均 24.3 分、4.3 个篮板、6.5 次助攻

哈登场均 22.4 分、5.8 个篮板、5.9 次助攻

库里 *PK* 威斯布鲁克

这两个人站在一起，总是会让我们想起一对互为倒影的洪荒传奇：罗伯特森 VS 韦斯特。最强壮的突破者，最精准的神射手。最具垄断性的持球狂魔，最具创造力的双能卫。最强悍的爆发力，最神奇的投篮手感。最全能霸道的三双王，最不可思议的三分箭。过去两年，他们分别为篮球历史贡献了最醒目的两个年份。一个可以竞争常规赛历史上最佳个人 & 球队演出，一个则打破了 NBA 史上公认的几个最牢不可破的纪录中的一个。他们之间的最佳战争写照无疑是 2016 年的西部决赛：两个人都把对方逼到了绝境，最后由另一个人的三分球手感来决定胜负。

④

威少和库里几乎同时崛起江湖，在这个控卫横行的时代，他们是得分型一号位最优秀的两位代言人。2016 年雷霆与勇士频繁遭遇，威少和库里也有了直接对话的机会，二人可谓不分伯仲，既有库里天外飞仙般绝杀雷霆的高光瞬间，也有威少庖丁解牛式肢解勇士的三双神迹……西部决赛七场旷世大战，库里赢得了结局，威少赢得了声誉。

随着杜兰特转投金州，威少和勇士的梁子陡然加深，那么作为勇士领袖的库里和威少之间的对决将再度升级，联盟中最炙手可热的两位控卫的决战也许才刚刚开始。

库里白马银枪、猿臂擅射，而威少则是暴虎冯河、短兵相接。库里在球场的一举一动都有着儒将的风范，威少玩不了库里那些风流俊逸的花招，也学不出那些绣花品茶一般的淡定和优雅，他会像一颗出膛炮弹，直线杀人，搅个天翻地覆。

库里 PK 威少交手数据
二人对决 34 场 / 库里 17 胜 17 负
库里场均 25.2 分、4.9 个篮板、6.6 次助攻
威少场均 24.6 分、6.2 个篮板、8.9 次助攻

库里九大对手

STEPHEN CURRY PK DAMIAN LILLARD

库里 PK 利拉德

利拉德继承的是罗伊的灵魂。他一走进联盟就是完全体，完全不需要适应新环境，立刻就能提刀收割人头。每当比赛进行到关键时刻，这个人立刻就会对比赛使用修改器，一颗颗毫无道理的三分球完全锁定对手的篮筐。然而，将一颗杀手的心脏安放在将军的身体里，就会产生奇怪的效果。利拉德便是如此，他长着一号位的身材，但很少履行一号位的责任。他不缺乏冲进篮下的爆发力，但似乎并不熟悉篮筐附近的空间。面对库里时，他经常会有不可思议的个人演出。但每当库里带动全队一起还击时，比赛就会很快失去悬念。

2012 年，利拉德在选秀大会第六顺位被选中，联盟同样对于利拉德充满了怀疑——大器晚成，一个视得分为己任的控卫，非精英级别的控球，组织能力有限，也没有经历过大场面。

⑤

作为如今最炙手可热的当红炸子鸡，库里和利拉德的全明星之旅都颇为坎坷。库里成名已久，却至今仅入选过三次全明星。而利拉德更悲催，虽然此前进入过全明星，却是顶替其他人进入的，而在 2015/2016 赛季数据爆棚的情况下，居然再次与全明星失之交臂。随后，库里和勇士成了利拉德向联盟示威的牺牲品。51 分、7 次助攻、6 次抢断，所有人为之错愕。

2015/2016 赛季西部半决赛，库里成功复仇，加时赛创造历史独砍 17 分，将利拉德和开拓者斩于马下。两人的恩怨对决从此成为联盟的看点，在媒体的推波助澜下成为一生之“敌”……

作为撕裂之城的主人，利拉德狠辣凌厉、心气高傲，他与君子如玉的库里，势必要再决雌雄！

库里 PK 利拉德交手数据
二人对决 22 场 / 库里：19 胜 3 负
库里场均 31.1 分、4.1 个篮板、7.1 次助攻
利拉德场均 26.4 分、3.5 个篮板、5.3 次助攻

库里 *PK* 保罗

⑥

在库里横空出世之后，保罗和库里之间的争论从来没有停息过。在库里之前，人们所能想象的控球后卫的终极模型，除了魔术师这种完全不能以常理要求的神人，就应该是克里斯·保罗这样的：完美而完整的技巧，聪慧如计算器般的大脑，安静，好战乃至凶狠，但同时却有着花朵般芬芳的气息，以及灵童转世般的美好形象，一切都无可挑剔。唯一的遗憾就在于，矮个一号位的先天不足。当队友被全部摁住之后，他们可以站出来若干个回合，但却无力为队友松绑。但偏偏库里就能以天赐的神力弥补这个遗憾：当库里穿过挡拆时，谁敢无视库里去围堵他的队友呢？对于这种事情，如果你是克里斯·保罗的球迷，你只能感叹上帝造物之神奇。

在 ESPN 控卫排行榜上，保罗排名第一，库里排名第二。纵观库里和保罗整个生涯对决，保罗数据略强，但战绩上库里却稳占上风。细看双方的数据，库里和保罗的差距在不断地缩小。每当保罗和库里对阵，我们总能看出两人之间神韵和技巧的传承。保罗不是一个肆无忌惮的攻击手，但他也能在季后赛中射出单场 8 记三分球；库里的进攻高于组织，但他的远距离击地长传同样美如画。二者最相似的，就是人球合一的协调感和持球进攻时的韵律感。库里是一首飞扬跳荡的抒情诗，而保罗总是在花样百出的节奏变化中，体现出一种格律精严的法度。

2017/2018 赛季，转投火箭的保罗，联手哈登，他们与库里的对决依旧再延续……

库里 PK 保罗交手数据

二人对决 34 场 / 库里 20 胜 14 负

库里场均 21.1 分、4.2 个篮板、6.6 次助攻

保罗场均 21.1 分、4.6 个篮板、9.1 次助攻

库里 PK 欧文

欧文是这三年来唯一在系列赛中击败过库里的一号位：有 2016 年总决赛第七场那记面对库里投进的神话三分球为证。这两个人的出现，就像是上帝的辩证法：当比赛处于快节奏时，库里就像是魔法道具层出不穷的魔法师，舞步蹁跹之间，对手灰飞烟灭。但当比赛陷入泥潭，变成流沙河中的贴身格斗时，时间轴就滑入了欧文的领域。当空间太过狭窄时，库里就被摁住了翅膀，以他的身板，绝对不可能强行杀出一条路来。欧文也不能，但欧文只需要一线空间就足够了。他所有的本事，就是在一对一的时候无中生有。虽然不如库里高效，但在所有人都无计可施的时候，他就成了比赛的审判者。

⑦

凯里·欧文像一个进攻博物馆，若给他无限的自由，他就能肆无忌惮变幻着进球的方式，绝无雷同。而库里却有着中国古典山水画中的神采和风韵，寥寥几笔勾勒，就能尽显风流。凯里·欧文的打法的确是科比以来最美如画的技术，但欧文却没有库里那种奔逸绝尘的仙风道骨味。

欧文在一天天地成长，他拥有着可以媲美保罗的控球技巧，他在一对一的进攻中可以过掉任何人，如今成为凯尔特人领袖的欧文，靠着球风和战绩，像库里一样，冠盖如云。

库里 PK 欧文交手数据
二人对决 23 场 / 库里 14 胜 9 负
库里场均 23.2 分、5.3 个篮板、6.6 次助攻
欧文场均 24.2 分、4 个篮板、4.5 次助攻

库里九大对手

STEPHEN CURRY PK RAJON RONDO

库里 *PK* 隆多

⑧

隆多像是一块极不规则的天外陨石，材质奇异，自成一格，同时又和人间万物格格不入。用来做成短剑，在名家手中，百步之外也能让人心惊胆战，但剑术大师万中无一。他的传球手法，就像是被绿衫军的名宿鲍勃·库西转世附体，但他在禁区边缘之外时，个人威慑力又可以忽略不计。他的判断力让人怀疑他来自未来，但他的性情又让人敬而远之。他的冷酷好战和三叶草的精神完美契合，最终却不得不开始流浪。当他失去了他恐怖的速度时，他那颗来自天外的灵魂就被困在了庸人的身体里，只能随之一起平庸。由此，我们似乎应该庆幸，一号位上的前辈天才们，在付出了多少次失败的试验之后，才终于有了一个库里这样的正确答案。

保罗和库里谁是第一控卫？在 ESPN 控卫排行榜上，保罗排名第一，而库里则排名第二。库里逐渐有抢班夺权的趋势。

库里 PK 隆多交手数据
二人对决 15 场 / 库里 11 胜 4 负
库里场均 19 分、4.3 个篮板、5.7 次助攻
隆多场均 10.9 分、4.5 个篮板、9.3 次助攻

库里九大对手

STEPHEN CURRY PK JOHN WALL

库里 *PK* 沃尔

⑨

沃尔是一个诡异的混合体：保罗一样的大局观，罗斯一样的运动能力，威少爷一样的强壮身材，隆多一样的防守能力。他处理球干脆利索，而又精准到位，但却多了中途的酝酿，无法让对手陷入两难。偏偏他又不是威少爷，灵魂中缺少一种无法无天的跳投意念，当对手畏惧他的冲击力远远退开时，他比勒布朗·詹姆斯犹豫的时间更久。这样一个一号位，不可避免地陷入不温不火的境地，传统和新潮都和他不沾边。他的优点很多，很多，每一种都是最顶级的，但于一支球队而言，却没有一种是决定性的。

约翰·沃尔可以说是年轻一代控卫中身体素质出类拔萃的球员之一，快攻时他能像疾风一样掠过半场，像卡特那样抡臂风车扣篮。库里、帕克、劳森与他相比，都是地板流。

2014/2015 赛季，沃尔场均能轰下 17.6 分和 10.4 次助攻，带领奇才打出 46 胜 36 的成绩。沃尔的场均助攻排名联盟第二，而球队也在一波连胜中以东部第五的佳绩重返季后赛。

沃尔已经渐渐改掉了那些运球不稳、技术粗糙的小毛病，虽然不是很完美，但在攻击力上已经和库里势均力敌。库里有库里的绝技，沃尔玩不出库里的精致和文艺，但沃尔也有他自己的撒手锏，如行进中的抛投，以及快攻中的背后绕球上篮。这些年的约翰·沃尔靠着这些小技巧，精雕细琢，不断磨砺意志和技术，一步一步走到和斯蒂芬·库里并肩而立的位置。

库里 PK 沃尔交手数据
二人对决 13 场 / 库里 11 胜 2 负
库里场均 26.4 分、4.2 个篮板、5.8 次助攻
沃尔场均 16.8 分、3.8 个篮板、10.1 次助攻

STEPHEN CURRY VS KLAY THOMPSON

库里 *VS* 汤普森

“卧龙凤雏，得一人即可安天下”这是《三国演义》中对旷世奇才的最高评价。于篮球而言，史诗级的超级射手同样可遇而不可求，他们对球队而言，往往是挽狂澜于既倒的存在。2013 年总决赛第六场，雷阿伦那记惊天三分，完美诠释了这点。

这样炙手可热的明星，哪怕只得一人，也足以令任何球队为之疯狂。这样看来，上帝是如此眷顾勇士，他们在 2009 年与 2011 年，分别通过选秀摘得第 7 顺位的库里和第 9 顺位的汤普森，从他们联手的那一刻起，联盟的历史改写了。

①

汤普森和库里，联盟中令人闻风丧胆的一对后场组合，“水花兄弟”的神射例无虚发，太多球队一开场就被他们暴风骤雨一般的连环快射打得丢盔弃甲，未能反应过来就成了箭下亡魂。

作为驰骋联盟的超级射手，两人的三分技艺堪称出神入化，在他们共计 14 年的职业生涯中，三分命中率从未低于 40%，其中库里场均三分出手数达到了 7.6 次，命中率为 43.8%，汤普森场均三分出手数达到了 6.8 次，命中率为 41.9%，这是何等可怕的数据。

虽同执三分杀器，库里和汤普森却是各擅疆场。库里的三分球灵动飘逸，出手极快，如同开启超音速巡航的移动炮台，你永远无法想到他会在何时出手。这样的存在让除勇士以外的所有球队苦不堪言，可他们又不敢过于包夹库里，因为这又给了另一位“杀手”汤普森以空间。

身高 2.01 米的汤普森，有着出众的防守能力，他的三分以接球定点投篮见长，稳定性强，与库里更堪称天作之合。库里与汤普森，均为最伟大三分手，能在电光石火间摧毁一切。

2014 年夏，勇士拒绝了森林狼用乐福换汤普森的交易请求，并成功与其续约。加上菜鸟主教练科尔入主，基本确立了以“水花兄弟”为核心的进攻体系。

汤普森创造单节 37 分的纪录，缔造三节 60 分的神迹；库里则例行公事般地屡次打破单赛季三分命中纪录并连续加冕常规赛 MVP，并将单场三分命中数纪录提升到 13 个。

库里和汤普森的三分珠联璧合、天下无双。回首 2015/2016 赛季，库里投中 402 记三分，三分命中率达到 45.4%。汤普森也命中 276 球。翻看 NBA 浩瀚史卷，如此擅长远射的二人组也前所未见。随着篮球唰唰命中，带动白色篮网向上卷起，真如湖中飞溅的水花一般美妙，而“水花兄弟”这样轻灵曼妙的绰号，也如风吹涟漪，在 NBA 之湖荡漾开来。

库里 *VS* 杜兰特

2017 总决赛似乎注定要打上杜兰特的标签，但纵观整个系列赛，勇士每次拉开比分，都有库里核武器般的三分火力在做关键推手，正是有了他在外线强大的火力牵制，才使得 KD 能轻松插入内线，去倒海翻江。

宛如浪花般翻云覆海，恰似流星般箭掠长空，如今的库里将突破、助攻与三分拿捏得游刃有余、妙到毫巅。看似云霞无常的浪客，却拥有一颗精准的箭心。

②

一个是联盟最强射手，一个是联盟第二小前锋，两个本应是水火不容的宿敌竟然聚到了一起。2016 年，随着雷霆西决铩羽，杜兰特远走金州，与库里的历史级搭档成为现实。

库里自不必说，作为勇士当家球星，凭借一手前无古人的三分投射，两度荣膺常规赛 MVP、两次摘得 NBA 总冠军，可谓极尽荣耀。

而杜兰特的到来彻底打破库里独一无二的领袖地位，但库里并未因此耿耿于怀，反而心甘情愿的分享球权。他明白，前者是联盟最具潜力的小前锋，被认为是仅次于詹姆斯的联盟第二人。在以往 9 年的职业生涯中，杜兰特场均 27.4 分，4 度斩获得分王，“恐怖”的得分能力几乎让他肆虐联盟，而如今，他将会成为勇士的至尊杀器。

2016/2017 赛季，是两人搭档的第一个赛季，他们的表现打消了所有人对他们的质疑。库里的三分威胁充分地为杜兰特拉开了内线空间，让杜兰特的突破能力如虎添翼，二者联袂奏响了 16 胜 1 负的总决赛最强音，并将意料之中的总冠军收入囊中。

对于勇士而言，杜兰特的加盟不仅意味着总冠军，也意味着财政的雪上加霜。面对这些，曾被冠以“叛徒”之名的杜兰特投桃报李，降薪千万为球队腾出空间，也让库里杜兰特的组合继续闪耀光芒，几乎可以肯定的是，只要这对组合继续存在下去，属于他们的王朝终将到来。

Rakuten
GOLDEN STATE
30
WARRIORS
Rakuten
GOLDEN STATE
35
WARRIORS

3

库里 VS 史蒂夫·科尔

马克·杰克逊培养了库里，而史蒂夫·科尔让库里站到巅峰。科尔和库里站在一起，才有那么一点气味相投的意思，相比马克·杰克逊那粗豪的相貌、强壮的体格，科尔更显得文质彬彬，满脸书卷气。说来也是缘分天注定，科尔在职业生涯中，也是一位弹无虚发的神射手。他冷静、傲气，关键时刻绝不让人，他在公牛和马刺时都打出了季后赛的伟大表演。

2014 年夏天，史蒂夫·科尔选择金州勇士作为自己执教生涯的起点。彼时，没有多少人相信这个毫无执教甚至助教经验的菜鸟，会在短时间内取得成功。但事实是，科尔仅用了一个赛季的时间就率队夺冠，完成了斯隆、老尼尔森、阿德尔曼们穷其一生都未能实现的夙愿。2015 年总决赛上的“死亡五小阵容”，力助球队逆转勇士，时隔 40 年再夺冠。2015/2016 赛季，勇士以创纪录的 73 胜 9 负超越公牛，五小阵容再次显现威力。

史蒂夫·科尔锐意改革，将原来的跑轰战术改良升华，派生出“死亡五小”阵容，而这个战术的核心与基石，就是斯蒂芬·库里，正是其快速绝伦而又神准无比的三分火力在外线牵制，才让“死亡五小”能纵横捭阖、穿插破敌。

这位马刺体系的传人，来到勇士取代了马克·杰克逊，他像实验室的科学怪人一样，又开始了新的实验，他用他最擅长的团队篮球来重新改造金州勇士，这给库里更多的发挥空间，科尔甚至开始要求库里放掉一些控球的机会，多去无球跑动，随即这支球队的进攻风格变得越来越像马刺，每个人都在兜圈子空切反跑，传球这种事，不再依赖于某个球员，而是大家一起人动球动。库里在这样的训练和调整下，居然练出了顶级的无球跑位技巧，这使得库里如虎添翼，更加难以被限制。

STEPHEN CURRY VS SETH CURRY

库里 VS 塞斯（弟弟）

基因是一个很神奇的东西，库里拥有一双“被上苍亲吻过的手”，他的精准足以跨越整个时代。

库里出生于一个运动世家。弟弟赛斯·库里同样运动天赋出众，在大学时期为杜克打球时场均可得到 14 分。此外，库里的妹妹西戴尔·库里目前是伊隆大学女子排球队的一员。

库里兄妹三人，手足情深。弟弟赛斯·库里是斯蒂芬的最大粉丝，并引以为傲地说：“现在斯蒂芬做到的这些（MVP 和 NBA 总冠军）是所有人成长过程中的梦想，当然也包括我们。”

尽管哥哥早已在 NBA 大杀四方，但弟弟赛斯·库里却鲜有在 NBA 打拼的机会，2015 年夏天，他如愿与国王签下一份合同。

出身篮球世家，而且拥有篮球 MVP 级别的大哥，小妹西戴尔·库里却转投排球队，不过出身运动世家，身材高挑的她运动条件自然十分出众，打起排球也是十分出色。

④

STEPHEN CURRY VS AYESHA ALEXANDER CURRY

5

库里 VS 阿耶莎

大学是萌生爱情的地方，而当离开校园后，很多恋人就会选择分道扬镳，开始新的生活。然而，也有人将这种纯洁的感情延续了下来，并实现了对爱人的承诺。不随便牵手，也不随便放手，这一点，库里做到了。

2011 年 7 月 30 日，23 岁的斯蒂芬·库里与青梅竹马、相恋多年的女友阿耶莎·亚历山大步入了婚姻的殿堂。

2012 年 7 月，库里和阿耶莎的第一个女儿莱利出生。库里和女儿莱利的关系非常亲密，他经常在社交媒体上分享自己和女儿的合照，并带领女儿出席各种公共场合的活动。他曾在总决赛时期说："作为一名父亲，女儿给我打球赋予了更多的意义。"

而在 2015 年 7 月，他们又迎来了二女儿莱安出生，库里对于宝贝的降临感到非常欣喜，认为这是天赐的礼物。都说"女儿是爸爸的小棉袄"。库里身边依偎着两位爱女千金，其萌萌的温暖足以融化任何一位慈父的心。

与此同时，28 岁的斯蒂芬，从一个瘦小而处于劣势的球员，成为勇士队当家球星、全明星，再到一名 NBA 巨星，一名常规赛 MVP 以及总冠军球员。

而他的妻子，利用自己的演员背景，在 YouTube 上开设了自己的频道，谈论厨艺、健康和家庭生活。她参与制作了一档烹饪节目，而她的一个逗笑视频获得过百万的观看数。

他们忙碌的生活都在这里发生，这所舒服的西班牙风格别墅，周围都是橡树，离奥林达的区中心只有几分钟的路程。玄关的墙上装饰着《圣经》的句节。而阿耶莎磨炼自己厨艺的地方，是整所房子的心脏。

阿耶莎可能是 NBA 球员妻子中最会做饭的人，库里的场上表现和她老婆的美味佳肴密不可分。"我很有口福。"库里说，"我是个幸运的家伙。"

NOKID
HUNGRY
SHARE OUR STRENGTH

STEPHEN CURRY VS DELL CURRY

库里 VS 戴尔（父亲）

基因是一个很神奇的东西，库里拥有一双“被上苍亲吻过的手”，他的精准足以跨越整个时代。我们知道他拥有顶级射手级别的训练与成长，但没有一位射手能与之比肩，究其原因，还是骨子里那神射手家族的血脉基因，让他拥有只可意会不可言传的天赋与灵气。

库里的爸爸戴尔·库里在20世纪八九十年代是NBA著名的神射手，库里从小就模仿父亲打球，并把父亲当成努力的榜样。在库里12岁那年，他第一次一对一击败了父亲。

⑥

戴尔·库里，1986年第1轮第15顺位被爵士选中，职业生涯主要效力夏洛特黄蜂（现鹈鹕），曾荣膺1993/1994赛季NBA最佳第六人，作为一代名射手，戴尔·库里2002年退役时留下命中1245记三分球的佳绩以及超过40%的三分命中率。

子承父业，斯蒂芬·库里继承了一代射手的衣钵，并将远射技艺发扬光大，成为划时代的射手MVP。父母遗传给库里过人的运动天赋，库里从小就模仿父亲打球，并把父亲当作努力的榜样，但其中的过程可谓艰辛。

小时候，库里常常被问：“作为神射手的儿子，你觉得自己有机会接过老爸的衣钵吗？”但当库里在戴维森学院读到二年级时，他已经场均能拿28.6分。库里逐渐发现人们已不再刁难他，而开始为难父亲。“嘿，戴尔，你儿子实在太牛了，你觉得他啥时候能超过你？”老库里总是淡淡一笑，道“他不是已经做到了吗？”

虽然父亲戴尔是NBA著名的球星，但年少的库里并没有沾到多少光。最初接触篮球，库里的身材太过瘦弱，导致他的投篮出手姿势酷似马里昂，很容易被封盖。老戴尔为了儿子前途着想，在库里升至高三那个夏天，强行逼迫库里改掉投篮手型，让他把出手点调高到头顶以上，前3周库里甚至无法在禁区外投篮，但一个半月之后，库里适应了这种投篮方式。

库里能够有今天的成就，老戴尔功不可没。也正是父亲的指导，让他在每个赛季球技都突飞猛进。这才造就了如今大杀四方、无敌天下的神射手库里。

戴尔曾担任山猫解说员，阅读大量比赛的他更能及时发现库里的缺点。在库里新秀赛季结束后，他拉着父亲陪自己练球，让自己的三分球命中率从44.2%提高到45.3%。更可怕的是，跟大多数定点投手不同，身为控卫的库里大多数机会都是自己带球创造出来的，而这一切老库里功不可没。“我还想投得更准，我始终有个目标——击败老爸！”如今，虽然贵为联盟第一神射手，库里仍认为父亲比他强。

ARLOTTE
30

CURRY
30
GOLDEN STATE
9
WARRIORS
OKLAHOMA
CITY
0

至酷之选

库里十大经典战／四代战靴

酷

01 经典

圣域扬威

狂飙 54 分无奈饮恨

2013 年 2 月 28 日，勇士客场挑战尼克斯。面对安东尼领军的尼克斯，库里鳌里夺尊。在这场对攻大战中，库里 28 投 18 中，三分球 13 投 11 中，罚球 7 罚 7 中，砍下个人职业生涯新高的 54 分。可惜这些并没有为球队换来胜利，勇士以 105 比 109 不敌全队开花的尼克斯。

号称“篮球麦加”的麦迪逊广场花园，群星汇聚，无数巨星在这里奉献过精彩的飙分表演。但这一晚，舞台只属于最闪耀的库里。他势不可挡，奉献了一场劲爆的 54 分盛宴。54 分是 NBA 该赛季的个人单场最高分，而 11 记三分球，也创下了其个人生涯单场投中三分球的最高纪录。

02 经典

一箭倾城

12+288+11.28 米绝杀

2016 年 2 月 28 日，勇士加时以 121 比 118 险胜雷霆。库里三分 16 中 12 球砍下 46 分。包括终场前 0.6 秒，在中场附近投进的准绝杀三分，这记三分球也直接宣判了雷霆死刑。

单场 12 记三分、单赛季 288 记三分、连续两场三分球超过 10 记以上、11.28 米的超远三分绝杀，单拎出其中任何一个数据都足以让人目瞪口呆，然而库里却独占了这一切！

常规时间最后 14 秒，雷霆依旧领先 4 分，雷霆对胜利似乎唾手可得，但随后勇士却鬼使神差地将比分扳平，似乎昭示了某种神奇将要降临。加时赛最后 5 秒，威少强投不中，库里持球推进，人人都知道他会在三分线外完成绝杀，但却没人知

道，刚刚运过中线的库里就选择了出手，皮球在空中划出一道完美的弧线，空心落袋！雷霆主场顿时鸦雀无声，数人抱头，表情茫然，他们不相信眼前发生的这一切是真的。

伟大的对决需要伟大的对手，雷霆战勇士，是天赋的极限碰撞。最强的雷霆二少，激发出最逆天的库里。天神般的炫技演出让人瞠目结舌，至今想起，仍浑身战栗，心情久久不能平复。

03 经典

神迹成双

单赛季 402 记三分 +73 胜

2016 年 4 月 14 日，勇士收官战，主场以 125 比 104 大胜灰熊。库里三分 19 投 10 中，爆砍 46 分、4 个篮板、6 次助攻。本赛季三分命中总数达到 402 个，成为历史首位单赛季三分命中突破 400 的球员，缔造新的纪录。

2015/2016 赛季的勇士，凭借此战在胜利场次达到 73 场，超越 1995/1996 赛季公牛创造的 72 场胜利，刷新 NBA 常规赛单赛季胜场数纪录。402 记三分、73 胜，一战成就两项神迹，历史上绝无仅有。

库里的恐怖在于，他投得多且准。单季以 45.4% 命中率投中 402 记三分更是令人咋舌。而且库里的威慑力不只是那一手变态三分，灵动似艾弗森的突破，飘逸似纳什的妙传，鬼手断球，让他交出了场均 30.1 分、5.4 个篮板、6.7 次助攻、2.1 次抢断的完美答卷。

05
经典

萌神逆天

库里三分创纪录

库里身体里蕴藏着巨大能量，跌落越猛反弹越强。此前一战他10投0中，连续157场投进三分的纪录因此终结，但是这却刺激他来了一次大爆发。每一个伟大时刻的诞生总是多方因素发生化学反应的结果，每一位改写历史的人物都需要一些机缘相助。这一次，库里也不例外。比赛打得起起伏伏，库里的状态很不错，轰下46分（26投16中，罚球2投中1，三分17投中13）、5个篮板、5次助攻，最终勇士以116比106击败鹈鹕。

2016年11月8日，勇士对阵鹈鹕，库里投进13记三分球，创造NBA的单场三分球纪录。

首节他打了11分钟，三分球4中3，轻松拿下12分。而库里的爆发力在第2节比赛中真正让鹈鹕感到恐怖，虽然鹈鹕一直紧咬比分，甚至重新反超，但库里状态实在太好，外线连续命中，而且每个三分球都是高难度，包括被双人包夹在底角位置，或是在队友传球不到位，几乎要丢球的情况下，他捡起来就扔，各种命中！包括大家最熟悉的快攻反击战，库里也是外线舍我其谁的霸气，就是能进！

下半场，鹈鹕将分差迫近，关键时刻，库里的三分再度发威，3节投中10记三分，这也是库里职业生涯第7次单场投中至少10个三分。末节，他的三分球达到12记，距离破纪录只差1个。终于，在全场球迷的期待中，库里扔中第13记三分，自此，他超越科比、马绍尔以及他自己的12记，独享NBA单场命中三分最多纪录。

此战库里的手感极好，也是破纪录的一个重要因素，有时候你准备得再充分也没用，就是节奏不太对，命中率也不会很高。当比赛库里投进第9记三分球的时候，他的内心萌生了破纪录的想法，这推动了库里破纪录。

这一战，可谓是天时地利人和，让库里轻松打破单场三分球命中数纪录。

04
经典

加时为王

独得17分创加时纪录

2016年5月10日，西部半决赛第四场，勇士在客场加时以132比125击败开拓者。库里在复出首战狂砍40分，其中17分来自于加时赛，并且创造了NBA史上的加时赛个人得分纪录。

由于久疏战阵，库里在此战常规时间手感平平，三分13次出手只命中2球。但当比赛进入关键的第四节，库里手感回暖，将比赛拖入加时。

加时赛，伤愈归来的库里不但没有疲惫，而是迅速恢复巅峰手感。前3分钟连得12分，而在最后1分05秒时，库里的三分球中帮助勇士锁定胜局。

整个加时赛库里7投6中独砍17分，超越了2006年奇才队昔日“怪杰”阿里纳斯独得16分的加时神迹，创造了NBA历史加时赛（包括常规赛和季后赛）新的个人得分纪录。

06 经典

弑君之战

首揽季后赛三双

想要建立一个王朝，必先推翻一个王朝。曾经带给勇士耻辱的詹姆斯，显然是横亘在勇士眼中的前朝皇帝。总决赛第二场，执掌勇骑两队的超级巨星刀剑争鸣，上演了一次旷古烁今的史诗之战。

2017年6月5日，勇士主场迎战骑士，此战詹姆斯势必竭尽全力，一场血战在所难免。库里依旧犀利无比，下半场库里掀起勇士的进攻狂潮，接连得分入手。其中尤为亮眼的当属戏耍詹姆斯的经典镜头。距离第三节结束还有8分53秒时，库里在一次错位后，于右侧45度角拉开单打詹姆斯，库里凭借着蝴蝶穿花般的娴熟运球，将詹姆斯耍得团团转，后转身，一个突然加速，詹姆斯已经跟不上灵活的库里，只能目送库里上篮得手。

全场比赛，库里都起到了出色的串联球队的作用，尽管投篮命中率中规中矩，但在篮板拼抢和传球上更为积极，最终他拿到了季后赛首次三双，得到32分、10个篮板、11次助攻，最终勇士以132比113手刃骑士，上演弑君之战。

07 经典

问鼎至尊

手刃骑士一雪前耻

总决赛第四场库里状态低迷，致使勇士铩羽而归，第五场面对骑士的困兽之斗，库里再度找回感觉，带领球队手刃骑士一雪前耻，奥布莱恩光耀奥克兰。

2017年6月13日，总决赛第四场的巅峰之争回归奥克兰，这给了金州人在家门口见证辉煌的机会。上一战库里14投仅3中，此番坐镇主场的他一扫颓势，20投10中砍下34分、6个篮板、10次助攻的全面数据。

尽管骑士全场高压防守，但无奈库里仍旧予取予求，第二节他迎着汤普森防守远距离抛投得手，随后又在乐福、欧文的极限包夹中长传助攻格林。此役库里将他传球技艺挥洒得淋漓尽致，多次夹缝长传，令骑士防不胜防。最终狭路相逢"勇"者胜，库里一雪前耻，带领勇士问鼎至尊。

08 经典

复出之战

复出首战 10 记三分

2017 年 12 月 31 日，勇士主场以 141 比 128 大胜灰熊，库里因右脚踝的伤势在时隔 26 天后伤愈复出，首节的库里仅仅是小试牛刀，到了次节，他的进攻犹如滔滔江水一发不可收，三分连投连中，在第二节还剩 2 分钟左右，库里顶着防守再度命中不讲理三分，上半场只打了 12 分钟，库里便轰下了 21 分。

进入第三节，库里依然将他的疯狂投射进行到底，他在第三节投中 4 记三分，仅用 23 分钟飙中 9 记三分轰下 35 分，并且他的在场正负值也是达到恐怖的 +20。只是库里本该提前三节打卡下班，但在末节垃圾时间当中，科尔再度派遣库里上场打了 3 分钟，而萌神也是再度飙中个人第 10 记三分，完成他职业生涯第 9 次单场超过 10 记三分演出，并且成为本赛季第一个单场投入 10 记三分的球员。

库里全场比赛出战 26 分钟，17 投 13 中，三分球 13 投 10 中拿到 38 分、4 个篮板、3 次助攻、0 次失误，表现极其高效。

09 经典

一击必杀

三分绝杀独行侠

2018 年 1 月 4 日，勇士客场以 125 比 122 险胜独行侠队，这是达拉斯中文官方用名由“小牛”更改为“独行侠”的第一场比赛。本场比赛主角本该是独行侠，但是从第一节开始，库里就开始了疯狂的攻势，他 8 投 5 中单节狂轰 15 分，对位 17 年首轮 9 号秀史密斯时，予取予求。

当第二节独行侠起势的时候，又是库里站出来与对手对飙三分，帮助勇士维持住领先的优势。库里下半场手感下降，第三节还剩下 4 分 46 秒时，库里弧顶左侧运球，在对方的包夹还未形成之际，迅速出手，三分稳稳命中，库里在本节仅投中一记三分。

当对手在末节孤注一掷发起凶猛反扑，3 分钟追回 11 分差距后，关键时刻库里挺身而出，他在比赛还剩 3 秒时三分线外射中绝杀，帮助勇士涉险取胜。库里砍下 32 分、5 个篮板、8 次助攻，三分 13 投中 6，库里以一记准绝杀三分为个人本场比赛的出色表现划上了句号，同时也在“独行侠”的诞生之日镌刻下了自己的名字。

10 经典

对决欧文

库里独砍 49 复仇绿军

勇士遇上凯尔特人，东西部榜首球队的对决，当今联盟最锋利的矛（勇士，场均得分最多），对阵最坚固的盾（凯尔特人，场均失分最少）。联盟中最炙手可热的两大控卫，库里与欧文，又一次直面相决……

2018 年 1 月 28 日，勇士主场迎战凯尔特人，此战被看做是总决赛的预演，之前勇士做客北岸花园球馆，以 88 比 92 败给凯尔特人，此役是本赛季复仇的最后机会。

首节库里就进入攻击模式，单节 9 次出手。上半场在勇士众将不在状态的情况下，正是库里的发挥让勇士紧咬住比分。反观凯尔特人三军用命，欧文打出超高命中率，前 7 投全中。

下半场易边再战，第三节库里投中 4 个三分球，单节轰下了 18 分！三节战罢，勇士以 80 比 73 领先。

最后一节，欧文上篮命中后凯尔特人完成反超。但是末段库里又是连得 5 分，帮助勇士再次取得领先。

虽然罗齐尔三分命中，仅差 1 分，但时间不多的绿军只能采取犯规，而库里 4 罚全中，率领勇士以 109 比 105 险胜凯尔特人，报了之前客场败北之仇。

此战库里 24 投 16 中，三分 13 投 8 中，砍下赛季新高的 49 分、4 个篮板、5 次助攻。反观欧文，18 投 13 中，三分 6 投 5 中，收获 37 分、2 个篮板、4 次助攻，与库里的对决上，毫不逊色。

一场惊心动魄的大战，比分交替领先，库里与欧文，当今最当红的两大控卫正面交锋，不分伯仲，不愧是一场总决赛预演的精彩大战！

四代战靴

至酷之履

Under Armour Curry

NIKE 放走库里，就如同当年 Adisas 放走乔丹一样，成为永远无法弥补的错……如今的库里成为 NBA 最炙手可热的球星，他拥有出神入化的球技，也有英俊玲珑的面庞，是无数球迷的心头挚爱，而他强大的商业感召力也澎湃展现……

2014/2015 赛季库里带领勇士豪取 67 胜并夺得总冠军，并当选常规赛 MVP。

2015/2016 赛季勇士在库里带领下创造了 73 胜的历史最佳战绩，他全票蝉联常规赛 MVP。伴随库里火爆表现而来的是知名度的继续迅猛提升。

如今库里正在进一步拓展自己的商业版图，他已经成了 NBA 最具商业价值的球员之一，与多家公司建立了商业合作关系。

库里同 UA 完成续约，新合同中还包括了公司股份，双方将合作到 2024 年，此前库里的第二代签名战靴销量非常不错。

开辟天地

Under Armour CURRY 1

UA的崛起是意料之外也是情理之中，库里加入之后的火爆异常，Anatomix Spawn给我们留下最深刻印象的地方，首先是其充满科技感的鞋面。超纤和网眼材料组成的鞋面构成了类似热度图的花纹，鞋帮、侧面鞋身和前掌脚面的大面积网眼对散热也极有帮助。在轻量化的大潮中，UA也不能免俗地采用了One Piece（一片式）的一体化鞋面设计。超纤、网眼、内衬三层材料采取热熔技术并在鞋身内侧黏合。这样做的好处在于鞋身减少了缝合次数，降低重量并提升一体性。

Anatomix Spawn的鞋舌也是非常有意思的一个部分。就本质上来说，鞋舌采用了最近非常流行的轻薄超纤材料，但是不同之处在于其内部填充了相当厚实的海绵来降低超纤鞋舌的僵硬感。

Anatomix Spawn的鞋身设计中充满了流线感，包括其中底扭转结构也是。和普遍通用的整片型TPU材料不同，Anatomix Spawn的中底使其稳定性有所保证。

关键驱动

Under Armour CURRY 2

相比之前库里上脚过的鞋款而言，库里二代将一些材质、样式、装饰提炼并加以改造，与其说库里二代是更新换代倒不如说是千锤百炼，部分科技和机能仍有所保留。

这款鞋采用灰色鞋面搭配黄色底面，而且底面色彩通过网眼设计隐隐欲现。中底则采用了橙色至黄色的渐变色设计，并搭配了细小的斑点，仿若金属锻造过程中的点点痕迹。

库里二代首次采用Speed Form科技，能够完美贴合双脚，为穿着者提供自由的活动空间和极佳的稳定性，从而使其可以随意停走，毫无拘束地减速和变速。Speed Form科技还采用了网眼设计，除了提供极佳的透气性之外，还保证了库里二代的轻质和耐磨特性。

库里二代的中底采用了全长缓震设计，能够有效吸收脚部落地的冲击，并为双脚提供前所未有的快速反应。

库里二代的外部鞋后跟支撑架固定在鞋内，能够与脚实现完美契合，减少滑动可能。橡胶外底采用有机人字形牵引图案设计，能够最大程度提供双脚掌控能力和多方位的球场抓地力。足弓和前脚掌处的外部弓形垫能够为足中部和两侧提供超强稳定性。

对于库里二代而言，科技与技能的升华是种极大的进步，库里二代与库里相互契合，说明如此多方位的设计，凸显的科技与人性化的融合。我们在欣赏库里打球时飘逸洒脱外也不能忽视战靴给他提供强而有力的支撑。

重装出击
Under Armour CURRY 3

2016年夏，库里中国行上穿的是自己全新战靴——Under Armour CURRY 3，在延续了系列一贯的中高帮设计之外，全新的复合鞋面及精心雕琢的碳板稳定片，都成为本次引人关注的焦点。

此番最大亮点无异于UA最新研制的Threadborne多维编制鞋面。该鞋面由降落伞伞绳的纤维物料进化而来，具有牢固强韧等特性。

近观鞋身，由脚面外侧全新的Threadborne编制鞋面与内侧的Anafoam材质共同拼接打造而成。交界处进行了加固处理，过渡极为自然，并没有过分突兀的感觉。

外侧鞋面由横竖双向织物整齐的排列在一起，不但增加了鞋面的耐用程度并对整体的支撑力起到了关键的作用增强了活动中的舒适性，更有效避免了磨后跟的现象发生。

此次CURRY 3代在中底技术上并未做过多开发，而外底则回归了大家最为信赖的人字形设计，前掌带有多向纹路及圆形区块，针对库里比赛中急停急起、变速变向做了特别优化，抓地性能想必颇为不俗。同时前后做了防侧翻处理，突破、变相更加游刃有余。

冠袍带履
Under Armour CURRY 4

作为库里的第四代签名战靴，也是萌神首款织物球鞋，CURRY 4早在2017年总决赛就已曝光。犹如航天飞机般的流畅外形，配合全新打造的弹性袜套，无不让人心想深刻！

2017年10月7日，库里第四代正式发布，袜套鞋身，外观犀利，兼顾轻薄，带有中国别注独有的幻彩外观让人眼前一亮，得益于织物鞋身的加持，超轻的重量同样让人惊讶。

鞋头及四周类似人造皮革，近距离观察有荔枝皮纹理，触感细腻，质地硬挺，通过环绕鞋身的热熔封条衔接织物鞋领，鞋带孔两侧编织密度较大，为鞋身提供足够支撑与包裹，鞋领中间及后半部分掺入弹性织物，延展性好，便于穿脱，且塑形较紧，不容易松垮变形，鞋领前后都人性化的设计出凹槽，提升穿着中脚踝及跟腱部位的灵活性与舒适度。后方鞋领向下延伸处同样是弹性织物，避免启动时卡跟腱的问题发生。热熔条下方内置弧形TPU，保证稳定及安全。多重TPU结构，防侧翻明显，作为灵巧后卫，速度与稳定一向是重中之重，而近几代库里战靴在中底TPU所下的功夫也从未含糊。

鞋身裸露出一块侧方TPU，同样起到稳定加固的作用，细节刻画则源于库里与库嫂的情侣纹身。前掌大底有明显的防侧翻设计，后跟熟悉的硕大SC外包造型，改为中底两侧上翻，依然延续着出色的稳定与包裹。视觉表现相较于曾经的凹凸刻字更加立体醒目，细节也更加精致。外底纹理粗壮，抓地不俗，抓地优异一向是库里战靴的特色，本次外底纹路由前后两大同心圆相互交织组成。

斯蒂芬·库里档案

个人档案

- 斯蒂芬・库里 /Stephen Curry
- 别名：萌神、萌库
- 国籍：美国 / 出生地：俄亥俄州阿克伦
- 出生日期：1988 年 3 月 14 日
- 身高：191cm/ 体重：84kg
- 毕业院校：戴维森学院
- 效力球队：勇士 / 位置：控卫 / 球衣号码：30
- 主要荣誉：

两届总冠军（2015 年、2017 年）
五届全明星（2014–2018 年）
2010 年土耳其世锦赛冠军
2011 年技巧赛冠军
2013/2014 赛季最佳阵容第二队
2014 年篮球世界杯冠军
2015 年三分球大赛冠军
两届常规赛 MVP（2014/2015 赛季、2015/2016 赛季）
一届得分王（2015/2016 赛季）
两次最佳阵容一阵（2014/2015 赛季、2015/2016 赛季）

勇士 2009–2017 年战绩表

赛季	胜	负	最终成绩
2009/2010	26	56	未进入季后赛
2010/2011	36	46	未进入季后赛
2011/2012	23	43	未进入季后赛
2012/2013	47	35	止步西部半决赛
2013/2014	51	31	止步首轮
2014/2015	67	15	总冠军
2015/2016	73	9	止步总决赛
2016/2017	67	15	总冠军
2017/2018	29	8	季后赛未开始

职业生涯常规赛数据

赛季	得分	篮板	助攻	抢断	盖帽
2009/2010	17.5	4.5	5.9	1.9	0.2
2010/2011	18.6	3.9	5.8	1.5	0.3
2011/2012	14.7	3.4	5.3	1.5	0.3
2012/2013	22.9	4.0	6.9	1.6	0.2
2013/2014	24.0	4.3	8.5	1.6	0.2
2014/2015	23.8	4.3	7.7	2.0	0.2
2015/2016	30.1	5.4	6.7	2.1	0.2
2016/2017	25.3	4.5	6.6	1.8	0.2
2017/2018	27.4	5.2	6.5	1.7	0.1
场均	23.0	4.4	6.8	1.8	0.2

职业生涯季后赛数据

赛季	得分	篮板	助攻	抢断	盖帽
2012/2013	23.4	3.8	8.1	1.7	0.2
2013/2014	23.0	3.6	8.4	1.7	0.1
2014/2015	28.3	5.0	6.4	1.9	0.1
2015/2016	25.1	5.5	5.2	1.4	0.3
2016/2017	28.1	6.2	6.7	2.0	0.2
场均	26.2	5.1	6.6	1.7	0.2

全明星赛数据

年份	得分	篮板	助攻	抢断	盖帽
2014	12	3	11	1	0
2015	15	9	5	1	0
2016	26	5	6	4	0
2017	21	4	6	1	0
2018	11	6	5	1	0
场均	17	5.4	6.6	1.6	0